EL PODER
DE LA
MENTE SUBCONSCIENTE

Joseph Murphy

Albatross Publishers
Naples, Italy
2020

Publicado Originalmente en Cali, Columbia 1975

ISBN 978-1-946963-37-6

EL PODER DE LA MENTE SUBCONSCIENTE

Joseph Murphy

TITULO EN INGLES:
THE POWER OF YOUR SUBCONSCIOUS MIND

TRADUCIDO DE LA DECIMA EDICION INGLESA.
DICIEMBRE 1971, POR R. J. SARMIENTO HEART Y
MARIA DEL MAR DE ROSALES

Contenido

11

Cómo puede este libro hacer prodigios en su vida

Escribí este libro para demostrar cómo su imaginación y pensamiento, crean, moldean y adaptan su destino. Durante mi vida he constatado los prodigios obtenidos por muchas personas en todo el mundo. Usted también puede obtener estos prodigios en cuanto aprenda a utilizar el mágico poder de su mente subconsciente; pués tal como el hombre haya pensado en su mente subconsciente, así será él.

. CONOCE USTED LAS RESPUESTA?

Por qué un hombre está triste mientras otro se siente feliz? . Por qué un hombre es dichoso y próspero mientras otro es pobre y miserable? . Por qué un hombre es tímido mientras otro está lleno de fé y confianza? . Por qué un hombre tiene una hermosa y lujosa casa mientras otro vive una existencia paupérrima en un tugurio? . Por qué un hombre se destaca mientras otro es un fracasado? . Por qué hay oradores famosos mientras otros son mediocres e impopulares? . Por qué un hombre es un genio en su trabajo mientras otros trabajan y trabajan durante toda una vida sin obtener una recompensa? . Por qué un hombre se cura de enfermedades llamadas incurables mientras otros no? . Por qué hay mucha gente piadosa, bondadosa y buena que sufre torturas mentales y físicas mientras muchos otros inmorales, sin religión, se les ve llenos de salud, alegres, divertidos y prósperos? . Por qué una mujer es feliz en su matrimonio, mientras su hermana tuvo un matrimonio frustrado y desdichado? . Habrá una respuesta a estos problemas en la forma como trabajan la mente consciente y la subconsciente? . Sí, efectivamente la hay!

. OBJETIVO DE ESTE LIBRO

Mi única aspiración fué la de responder y clarificar no sólo el cúmulo de interrogantes anteriores, sino también otros de naturaleza

Usted podrá observar que el estilo utilizado en este libro es el mismo o muy similar al encontrado en los periódicos, semanarios, en su hogar o en sus relaciones diarias. Lo logré porque créí posible explicar las leyes básicas, fundamentales, funcionales y vitales de la mente en su lenguaje sencillo, en el lenguaje que utilizamos a diario.

Le ruego estudiar este libro y aplicar las técnicas sugeridas. Si así lo hace, estoy absolutamente convencido que obtendrá el asombroso poder que le elevará sobre la confusión, la miseria, la melancolía y los fracasos; le guiará hasta su verdadero sitio en la vida, eliminando dificultades, liberándolo de la esclavitud físico-emocional y colocándolo en el verdadero camino que lleva a la libertad, felicidad y paz mental.

Este asombroso poder enérgetico de la mente subconsciente puede curarle sus males, convertirlo en una persona normal y vigorosa. Aprender a utilizar este poder interno le abrirá la puerta que aprisiona y entrará a la vida descrita como la "gloriosa liberación de los hijos de Dios".

. LIBERACION DEL PRODIGIOSO PODER

Un antiguo refrán dice: "El médico sana las heridas y Dios las cura".

Hace unos cuarenta años sufrí de un tumor maligno, llamado sarcoma en términos médicos. Estaba siendo atendido por un médico amigo, repentinamente se me ocurrió pensar en que la Inteligencia Creadora, aquella que había forzado todos mis órganos, mi cuerpo e impulsaba mi corazón, podía también curar su hechura; por otra parte, mi mente subconsciente desarrollaba, mantenía y gobernaba mis funciones vitales, luego en ella estaba localizada la Inteligencia Creadora. Basado en este pensamiento apliqué una técnica, explicada en este libro, y logré curarme del sarcoma que me molestaba.

Todos y cada uno de nosotros tenemos dentro de sí este maravilloso poder curativo, alojado en las profundidades de la mente subconsciente. Tengo la seguridad que una curación obtenida según la técnica que indico sería la prueba más convincente de su existencia, es decir: la prueba que ayudaría a muchas personas a convencerse del poder curativo que existe dentro de sí:

. SI USTED PRACTICA LA ORACION CON FE, OBTENDRA MARAVILLAS

La plegaria o súplica es la interacción armoniosa de las mentes consciente y subconsciente, dirigidas hacia un propósito específico. Este libro le enseñará la forma correcta para traspasar al plano del poder infinito que está dentro de sí, capacitándolo para obtener lo que realmente desea usted de la vida; desea usted una vida más feliz; abundante y rica? . Empiece por usar este asombroso poder, eliminando los obstáculos y problemas que a diario se presentan en sus relaciones comerciales y familiares. Lea este libro varias veces; los diferentes capítulos le mostrarán como trabaja este maravilloso poder, y cómo puede sacar la escondida inspiración y sabiduría que está dentro de usted. Perfecciónese en la sencilla técnica de impresionar su mente subconsciente; siga el nuevo método científico de pasar al depósito infinito. Lea este libro atenta, cuidadosa y sabiamente; compruebe por sí mismo como puede ayudarle en forma asombrosa. Yo estoy convencido que cambiará su vida.

. TODOS Y CADA UNO DE NOSOTROS REZA

Sabe como orar o suplicar eficazmente? Hace cuanto tiempo que usted reza como una parte de sus actividades diarias? En una emergencia, en momento de peligro o preocupaciones, cuando está enfermo, cuando la muerte está cerca; reza usted por su vecino o por otros, para sí mismo o por sus amistades? Lea en los periódicos como las plegarias se ofrecen por todas las naciones, por un niño inválido, por un mal declarado incurable, por la paz de las naciones, por un grupo de mineros atrapados al fondo de un socavón; observe con sorpresa que al ser rescatado, los mineros testimoniaron que mientras esperaban ser rescatados, rezaban y rezaban. Un piloto, amigo mío, me declaró que rezó mientras hacía un aterrizaje forzoso, logrando tener éxito. Realmente, la plegaria es una ayuda siempre presente en todo tiempo de prueba; pero usted no debe esperar que se presente la prueba para hacer su plegaria; haga que ella forme parte integral y constructiva de su vida. Las dramáticas respuestas a las plegarias forman grandes titulares en los periódicos y están sujetas a testimonios contando la efectividad de éstas. Qué decir de las muchas plegarias modestas de los niños, la simple acción de gracias en la cotidiana comida, las súplicas llenas de fé en donde sólo el interés personal perseguido es la comunicación con lo Divino?

Mi relación con los demás me obligó a estudiar los varios caminos, sistemas y técnicas de la plegaria. He experimentado su poder en mi propia vida y he hablado, entrevistado y trabajado con mucha gente que ha acudido también a la plegaria como ayuda. El obstáculo está en explicar y decir a los demás como debe orar o hacer su plegaria. La gente que tiene problemas, difícilmente puede pensar y actuar razonablemente. Necesitan una fórmula que le facilite, un patrón a seguir un método simple y específico.

. CARACTER TECNICO DE ESTE LIBRO

Su característica más importante es la de su utilidad en este mundo. En él encontrará técnicas, métodos o fórmulas simples, útiles, de fácil aplicación en la vida diaria. He enseñado estos métodos sencillos a miles de personas en todo el planeta; y más recientemente, a personas de todas las afiliaciones religiosas que asistieron a un curso especial dictado en Los Angeles y donde presenté las mismas técnicas que ahora ofrezco en estas páginas. Muchos de los asistentes viajaron más de doscientos kilómetros para oir cada una de las conferencias.

Las muchas formas de impresionar la mente subconsciente y obtener la respuesta correcta es el objeto principal de este libro, lo cual lo hará para usted un libro extraordinario y una ayuda siempre presente en tiempo de prueba. Los resultados que por él obtenga serán su testimonio.

De todas partes del mundo recibo la misma pregunta: "Por qué he orado y orado y no obtengo respuesta? ". En este libro hallará y se le demostrará por qué es más frecuente obtener lo contrario a lo que se pide y las razones del por qué sucede así.

QUE LE HACE CREER?

La ley de creer, la convicción, es operativa en todos los sistemas filosóficos religiosos del mundo y ésta es la razón por la cual son sicológicamente verdaderas.

No es la cosa en la cual se cree lo que trae una respuesta a la plegaria de una persona; ésta se produce cuando la mente subconsciente individual responde a la imagen mental o pensamiento de su mente consciente. La ley de la vida es la ley de la convicción y la convicción puede hasta sumarse muy brevemente a un pensamiento de la mente.

Tal como un hombre cree, siente y está convencido de ello, así es la condición de su mente, cuerpo y circunstancias.

Entonces, el budista, cristiano, mahometano, taoista o hebreo, todos y cada uno podrán obtener respuesta a su plegaria, no porque tengan un credo, religión, afiliación, ritual, ceremonia, fórmula, liturgia, encantamiento, sacrificio u ofrecimiento de efecto y causa, y la receptividad acerca de aquello por lo cual ruegan. Una técnica, una metodología basada sobre una comprensión de lo que se hace y por qué se está haciendo le ayudará a atraer casi una personificación subconsciente de todas las cosas deseables en la vida.

Esencialmente, la respuesta a una plegaria es la realización del deseo de su corazón.

DESEAR ES ORAR

Todos y cada uno de nosotros desea salud, seguridad, paz mental, pero muchos fracasan en obtener resultados claramente definidos. Un profesor universitario me admitió recientemente: "Sé que si cambio mi prototipo mental y corrijo mi vida emocional, mis úlceras no volverán a molestarme, pero no tengo un sistema, método, disciplina, proceso, técnica o modus operandi a seguir. Mi mente vaga de aquí para allá sobre mis múltiples problemas, y me siento frustrado, deshecho y miserable". Este profesor tenía un deseo de salud perfecta; necesitaba un conocimiento profundo del modo como trabajaba su mente que lo incapacitaba para completar su deseo. Practicando los métodos curativos descritos en este libro llegó a librarse, equilibrarse y perfeccionarse.

HAY UNA MENTE COMUN A TODOS LOS INDIVIDUOS (Emerson)

El asombroso poder de la mente subconsciente existe antes que usted y yo naciéramos, antes que cualquier cosa existiese, antes que cualquier Iglesia, antes que el mundo. Las verdades eternas y los principios vitales, anteceden a cualquier religión. Es que estos pensamientos en la mente que le sugiero en los siguientes capítulos permanecen estables en este poder transformativo, mágico, maravilloso, el cual juntan la curación físico-mental, exige la liberación a la indómita mente consciente y lo libera totalmente de las limitaciones de pobreza, fracaso, miseria, necesidad y frustración. Todo lo que tiene que hacer es unirse mental y emocionalmente con el bien que usted desea incorporar y el poder creativo de su subconsciente responderá de acuerdo. Empiece ahora, hoy, deje que se produzcan maravillas en su vida. Sosténgase! Sosténgase hasta cuando logre romper las ligaduras y desaparezcan las sombras.

PROLOGO DEL EDITOR

Mis hijos y algunos amigos me han solicitado aclarar conceptos sobre el subconsciente citado tantas veces por el Doctor Murphy en este libro y en "Los Milagros de Su Mente".

Nunca ha sido fácil comprender las cosas que no se ven.

Ni me avergüenza decir, demoré varios años para entender el funcionamiento de los mecanismos del subconsciente y poderlos explicar con la seguridad de que mi criterio al respecto era completamente claro. Todos tenemos un subconsciente y muy pocos lo sabemos utilizar.

El subconsciente lo utilizamos en el trato con los demás; nos ayuda a soportar los momentos difíciles de la vida. Pero tenemos que aprender a oir su voz interior que nos guiará, y saber "ver" lo que nuestros ojos físicos no pueden ver. Cuando aprendamos a desdeñar el "engaño" en un mundo ficticio y obedezcamos el mandato de nuestra guía interior, habremos entrado en posesión de la única fuente de inspiración valedera, la de aquella fuerza interior que la mayoría de las personas desconoce: su propio subconsciente.

Después de mi experiencia con las Universidades durante más de cüarenta años creo que es una necesidad crear cátedras libres sobre el subconsciente y sus aplicaciones en la vida.

Nuestros estudiantes, futuros gobernantes y hombres de empresa serían más eficientes, cometerían menos errores y los pueblos serían más felices en un mundo menos complicado.

Carlos Climent C.

El tesoro está dentro de usted

1

Estamos rodeados de riquezas infinitas. Si usted abre los ojos de su mente podrá descubrir el templo de los tesoros infinitos que hay dentro de usted, donde usted tiene una mina de oro de la cual puede extraer cuanto necesite para su vida, abundancia, felicidad y gloria.

Muchísimas personas se encuentran dormidas porque ignoran la existencia de esta mina de oro dotada de infinita inteligencia y amor, la cual se halla dentro de ellos mismos.

Cualquier propósito suyo podrá llevarlo a cabo. Una pieza de acero imantado levanta hasta doce veces su propio peso, pero si a esta pieza se le quita el poder magnético no podrá levantar ni un alfiler. Asimismo hay dos tipos de hombre: El hombre magnetizado lleno de confianza y fe que sabe ha nacido para tener éxito en la vida. Detrás de él está el hombre desmagnetizado lleno de miedos y dudas; cuando se le presenta una oportunidad dice: "Yo fallaré", "Perderé mi dinero". "La gente se reirá de mí". Este tipo de hombre no irá muy lejos porque vive con temor de ir más adelante, teme al progreso y se estancará donde se encuentra. *Conviértase en un hombre magnetizado y descubra el secreto maestro de los años.*

. EL SECRETO DE LOS AÑOS

¿Cuál es en su opinión, el secreto maestro de los años? ¿Es el secreto de la energía atómica? ¿Es la energía termonuclear? ¿Es la bomba de neutrón? ¿Es el viaje interplanetario? Nó; ninguno de ellos. Luego, ¿cuál es el secreto maestro? ¿Dónde lo puedo encontrar y cómo lo puedo poner en contacto y en acción? la respuesta es muy simple. Tal secreto, maravilloso es un poder milagroso que trabaja dentro de la propia mente subconsciente, el último lugar donde la mayoría de las personas buscan.

. EL MARAVILLOSO PODER DEL SUBCONSCIENTE

Usted puede llenar su vida con más poder, más salud, más riqueza, más felicidad y más goce, aprendiendo a buscar y a utilizar el poder oculto de su mente subconsciente.

Usted no necesita adquirir ese poder porque usted lo posee. Pero debe aprender a usarlo; debe aprender a aplicarlo en todos los momentos de su vida.

A medida que sigan las sencillas técnicas y los procedimientos explicados en este libro, usted verá como van ganando el conocimiento y entendimiento necesarios para obtener el triunfo.

Usted podrá generar una nueva fuerza inspirado por una nueva luz que le permitirá llevar a cabo sus deseos y convertir sus sueños en realidad. Decida ahora mismo hacer de su vida algo más grande, más rico, más noble.

Dentro de las profundidades del subconsciente existen reglas infinitas de sabiduría y poder más que suficientes para un completo desarrollo. Comience ahora a reconocer estas potencialidades en lo más profundo de su mente y ellas tomarán la forma en su mundo interno y en su mundo exterior.

La inteligencia infinita dentro del subconsciente suyo le puede revelar todo lo necesario, todos los conocimientos esenciales que usted debe conocer en un momento dado, si usted es una persona de mente abierta y receptiva. Usted puede recibir nuevos pensamientos e ideas, lo que le va a permitir producir en todos los campos con mayor eficacia. Más aún, la inteligencia infinita en su subconsciente puede impartirle bellísimas piezas del conocimiento de una naturaleza original. Puede revelarle y abrirle el camino hacia una acción perfecta y un lugar real en su vida.

A través del conocimiento de su mente subconsciente usted atraerá la compañía ideal como complemento de su vida emocional, así como también los socios o compañeros de trabajo. Encontrará el comprador para su casa, así como también proveerse del dinero necesario y de la tranquilidad financiera para llevar a cabo sus deseos más profundos.

Nadie le impide descubrir este mundo interno de pensamientos, poder, luz, amor y belleza, invisibles, muy poderosos. Dentro de su mente subconsciente hallará la solución para cada problema y la causa para cada efecto, debido al hecho de que usted puede entrar en posesión actual del poder necesario para progresar en la abundancia, la seguridad y el dominio. Yo he visto como el poder del subconsciente ha mejorado gentes en estado depresivo severo, haciendo de ellos personas fuertes, llenas de vitalidad, libres de inhibiciones, para ir al mundo de la experiencia, de la felicidad, de la salud y de la expresión de júbilo. Existe un misterioso poder que hace curaciones en el subconsciente y que también puede curar la mente llena de problemas y el corazón destrozado al abrir las puertas de la prisión de la mente y liberarlas.

. NECESIDAD DE BASES DE TRABAJO

El progreso considerable en cualquier campo en el que nos envolvamos es imposible en la ausencia de un trabajo de base que es universal en su aplicación. Usted puede convertirse en una persona habilidosa cooperando con el poder de su mente subconsciente con la certeza de resultados proporcionales a sus conocimientos y principios para su aplicación siempre que se trate de propósitos específicos definidos y metas concretas que desee obtener, sin vacilaciones, de lo contrario nunca serán los resultados tan satisfactorios.

Así como la química y la física tienen sus leyes, la mente del hombre y el subconsciente tienen las suyas.

Si usted combina hidrógeno y oxígeno en las proporciones de dos átomos del primero y un átomo del segundo, el resultado será agua. Un átomo de oxígeno y un átomo de carbón pueden producir monóxido de carbono, un gas venenoso. Pero si usted añade otro átomo de oxígeno, producirá bióxido de carbono, un gas inocuo, y lo mismo podríamos decir de una gran cantidad de compuestos químicos. Usted no debe pénsar que los principios de la química, la física y las matemáticas difieren de los principios de su mente subconsciente.

Consideramos estos principios: "El agua busca su nivel, en cualquier parte". "La materia se expande cuando se calienta". Esto también es una verdad en cualquier parte, en cualquier momento y bajo cualquier circunstancia. Usted puede calentar un pedazo de acero y se dilatará cualquiera que sea el lugar donde se le encuentre, ya sea en China, en Inglaterra o en la India. Esto es una verdad universal que la materia expande cuando se le calienta, también es una verdad universal que cualquier cosa que usted ponga en su subconsciente se expresa en el espacio, como condición, experiencia y evento.

Su creación es respondida debido a que la mente subconsciente es un principio y por principio considero a la manera de obrar de las cosas. Por ejemplo, el principio de la electricidad es que trabaja de un potencial más alto a un potencial más bajo. Usted no cambia el principio de la electricidad cuando la usa, pero cooperando con la naturaleza, usted puede producir cosas maravillosas y descubrimientos que la humanidad agradecerá de mil maneras.

Su mente subconsciente trabaja de acuerdo con la ley de la fe. La fe de su mente es la ley del pensamiento. Esto significa creer en la manera como su mente trabaja.

Todas sus experiencias, eventos, condiciones y actos son las reacciones de su subconsciente o sus pensamientos. Recuerde, no es la cosa en la cual se cree, sino la creencia que usted tiene en su propia mente lo que trae los resultados.

No acepte creencias falsas, opiniones, supersticiones, miedos de todas clases muy difundidos en el mundo. Comience a creer en las verdades eternas, en las verdades de la vida que nunca cambian. De ese punto en adelante, usted empezará a moverse hacia arriba en la conquista de sus propios éxitos.

Cualquier persona que lea este libro y aplique los principios de la mente subconsciente que aquí se explican será capaz de practicar científicamente y con efectividad estos principios en beneficio propio y de otros. El pensamiento es la acción incipiente. La reacción es la respuesta de un subconsciente que responde a la naturaleza de sus pensamientos. Tenga a su mente ocupada con los conceptos de armo-

***nía, salud,** paz y buenos deseos y verá como una gran cantidad de cosas magníficas ocurrirán en su vida.*

. DUALIDAD DE LA MENTE

Solamente se tiene una mente, pero su mente posee dos características distintas. La línea de demarcación entre las dos es bien conocida. Las dos funciones de su mente son esencialmente diferentes, pero les corresponden poderes separados y atributos diferentes.

Para distinguir las dos funciones de su mente se usan los siguientes términos: La mente objetiva y la subjetiva; el yo superficial y el yo profundo; la mente voluntaria y la mente involuntaria; la masculina y la femenina y muchos otros términos. Usted encontrará los términos "consciente" y "subconsciente" utilizados para representar la naturaleza dual de su mente a través de este libro.

. LAS MENTES CONSCIENTE Y SUBCONSCIENTE

Una manera ideal de familiarizarse con las dos funciones de su mente es mirarla como si fuera un jardín; usted es el jardinero, que está plantando semillas todo el día (pensamientos) en su subconsciente basado en su pensamiento habitual. Tal como usted siembra en su mente subconsciente, así podrá cosechar en el ambiente que le rodea.

Comience usted ahora a llevar pensamientos de paz, felicidad, acciones buenas y prosperidad y con todo interés acepte estas cualidades en su mente consciente, es decir, en la mente que razona. Continúe sembrando estas maravillosas semillas (pensamientos) en el jardín de su mente y usted se sentirá capaz de cultivar sus maravillosos proyectos, deseos y planes.

Cada pensamiento es una causa y una condición y cada condición es un efecto. Por esta razón es esencial que usted tome responsabilidad de sus pensamientos para traerlos en condiciones deseables.

Cuando su mente piense correctamente, cuando usted entienda la verdad, cuando los pensamientos depositados en su subconsciente sean constructivos armoniosos y llenos de paz, el poder de trabajo de su subconsciente responderá y traerá condiciones armoniosas, ambientes agradables que lo rodeen y lo mejor de todas las cosas buenas para usted. Cuando comience a controlar sus procesos mentales, podrá aplicar los poderes de su subconsciente a cualquier problema o dificultad. En otras palabras, usted estará conscientemente cooperando con el poder infinito y omnipotente que gobierna todas las cosas.

Mire donde usted quiera, en el área donde vive y notará que la gran mayoría de la humanidad vive sin darse cuenta que pertenece a este mundo. Cuanto más brillante es un hombre, más intensamente interesado está en el mundo que le rodea. Recuérdelo, es el mundo interior, así llamado el mundo de sus pensamientos y sus sentimientos lo que hace el mundo alrededor, el que crea el mundo exterior. Es así como, solamente a través de un poder creativo interior que se forjan las cosas exteriores, y todo lo que vemos en el exterior es el producto de esta vida interior.

El conocimiento de la interacción de la mente consciente con la inconsciente nos preparará para transformar la totalidad de la vida. Para cambiar condiciones externas usted debe suprimir la causa. Pero cuando la mayoría de los hombres tratan de cambiar algo, solamente cambian las condiciones y circunstancias externas. Para eliminar la discordia, la confusión, la falta y las limitaciones, deberá quitarse la causa, y la causa es la manera como usted esté utilizando su mente consciente. En otras palabras, la manera como usted está pensando y dibujando ese mundo en su propia mente.

Usted está viviendo en un insondable mar de riquezas infinitas. Su subconsciente es muy sensible a sus pensamientos. Ellos forman el molde o matriz a través del cual fluyen la inteligencia infinita, la sabiduría y las fuerzas vitales y las energías de su subconsciente. La aplicación práctica de las leyes de su mente está ilustrada en cada capítulo de este libro y harán que usted experimente la abundancia en vez de la discordia, la fe, el éxito y la confianza en vez del miedo, en resumen una liberación de la ley de los promedios.

La mayoría de los científicos, artistas, poetas, cantantes, escritores e inventores, tienen un profundo entendimiento del trabajo de la mente consciente e inconsciente. Carusso, el gran tenor de la canción fue víctima de un intenso pánico. El decía que su garganta se había paralizado debido a espasmos causados por el intenso miedo que había ocasionado una constricción de los músculos de la garganta. Una vez que se sometía a la posibilidad de cantar, entraba en su episodio de pánico caracterizado por abundante sudor, lo cual le hacía avergonzarse, sumirse en un episodio de miedo y trepidación cada vez que tenía que salir a escena. Carusso decía "ellos van a reírse de mí, yo no puedo cantar". El gritaba en presencia de aquellos que le rodeaban en el momento de salir, y decía: "Mi pequeño yo quiere estrangular a mi yo grande", y a continuación decía al pequeño yo: "sal de aquí; el gran yo quiere cantar a través de mí".

El subconsciente respondió dejando salir las fuerzas vitales dentro de él. Cuando le llamaron a escena salió victorioso ante el público y cantó gloriosa y majestuosamente.

MANERAS DE ACTUAR COMPARADAS

Usted notará la gran diferencia después de haber leído las siguientes consideraciones: la mente consciente es como el capitán que dirige su barco, dando órdenes a los hombres al cuidado de las máquinas y a los encargados de controlar los instrumentos para el buen funcionamiento del barco. Los técnicos y servidores situados en la sala de máquinas, siguen las órdenes de su capitán sin saber por donde van. Llegarían a estrellarse contra las rocas si el capitán diera órdenes erróneas.

Los hombres que están cuidando los motores obedecen; están bajo sus órdenes puestas automáticamente en acción. Los miembros de la tripulación no le discuten al capitán; se limitan a cumplir las órdenes.

El capitán es el líder de su nave, todo se acata sin rechistar.

Ahora usted se dará una idea más clara cuando yo le diga que su mente consciente es el capitán de su barco, es decir, de su cuerpo y de todos sus problemas, asuntos y conflictos.

Su mente subconsciente recibe las órdenes y su mente consciente las cree y acepta como verdaderas.

Cuando usted dice repetidamente: no lo puedo comprar, su mente subconsciente acepta su palabra, por no estar en condiciones de comprar lo que usted no está seguro en adquirir. Si además, dice, no puedo comprar este carro, no puedo comprarme esa casa, no puedo hacer ese viaje a Europa, su mente subconsciente seguirá sus órdenes, permitiéndole hacer su vida aunque le falten todas esas cosas.

Su mente subconsciente trabaja 24 horas al día haciendo provisiones en su beneficio, derramando, acumulando, depositando el fruto de su pensamiento cotidiano.

COMO FUNCIONA SU MENTE SUBCONSCIENTE

Una mujer me escribió lo siguiente:"Soy una viuda de 75 años de edad; viviendo sola, oía sus conferencias sobre los poderes de la mente subconsciente. Como usted afirma que los objetivos y planes pueden ser llevados a la mente subconsciente gracias a la repetición, a la fe y a la esperanza, lo puse en práctica durante varios días repitiéndome frecuentemente con sinceridad e intenso deseo:

"Soy una persona con atractivos. Soy feliz, casada con un hombre de gran valor espiritual; me siento segura". Lo repetí durante dos semanas, muchas veces diariamente, hasta que un buen día, en una farmacia me presentaron a un farmacéutico retirado. Lo encontré bondadoso, comprensivo, hombre de firmes convicciones religiosas. El fue la respuesta perfecta a mis deseos. Unas semanas más tarde me proponía matrimonio y ahora nos encontramos durante nuestra luna de miel en Europa. Estoy convencida de que la inteligencia en el interior de mi mente subconsciente hizo encontrarnos a los dos"

Esta mujer descubrió los tesores ignorados ocultos dentro de ella. La fuerza de los sinceros sentidos en su corazón y su firmeza penetró la mente subconsciente que es el medio creador: tan pronto como se reunieron su fe, su sinceridad, su deseo intenso fue transportado a su mente subconsciente que le dió la respuesta a través de las leyes de la atracción.

Usted conseguirá sus deseos que esté seguro en desear y aquello que sea verdadero, honesto, justo, lleno de amor; pensando siempre en las cosas llenas de virtudes.

. RESUMEN DE LAS IDEAS IMPORTANTES PARA RECORDAR

1. La casa de los tesoros está dentro de usted. Mire hacia el interior y hallará una respuesta a los deseos de su corazón.
2. Su mente subconsciente tiene las respuestas para todos los problemas. Si usted sugiere a su subconsciente antes de irse a dormir: "yo quiero despertarme a las 6 de la mañana", usted despertará a esa hora exactamente. Esto lo he repetido en varios de mis libros e insisto en ello por la eficiencia en su aplicación.
3. El gran secreto de los hombres célebres de todas las épocas, fue su habilidad para entrar en contacto con los poderes de su mente subconsciente, liberándolos. Usted puede hacer lo mismo que ellos hicieron, con fe, con tenacidad, convencido de sus firmes propósitos.
4. La mente subconsciente es el arquitecto de su cuerpo y puede curarlo. Mantenga ideas de salud perfecta y transmítalo a su subconsciente antes de acostarse.

   Dé las órdenes justas y razonables como a un sirviente y usted será obedecido.
5. Cada pensamiento es una causa y cada condición es un efecto.
6. Si usted quiere escribir un libro, pronunciar un mejor discurso a su auditorio, puede estar convencido que su mente subconsciente le responderá favorablemente.
7. Usted es como el capitán del buque, dando órdenes correctas (pensamientos e imágenes) a su mente subconsciente que controla y gobierna todas sus decisiones y actos.
8. Nunca use los términos "yo no puedo hacerlo", "no puedo comprarlo". Su mente subconsciente lo acatará literalmente y le impedirá realizarlo.

   Debe decir: "puedo hacer todas las cosas a través del poder de mi mente subconsciente", los resultados no se harán esperar.

9. La ley de la vida es la ley de creer en algo. Una creencia es un pensamiento en su mente; no crea que las cosas le van a herir a usted. Crea en el poder de la mente del subconsciente para curar, inspirar, fortalecer y prosperar. A medida que aumente su fé, los resultados aumentarán también.
10. Cambie sus pensamientos, y usted cambiará su destino.

Cómo trabaja su propia mente 2

COMO TRABAJA SU PROPIA MENTE

Usted tiene su propia mente y debe saber cómo utilizarla. Hay dos niveles en su mente –la consciente ó racional y la subconsciente ò irracional. Usted piensa con su mente consciente y todo cuanto habitualmente piensa, cae al fondo, dentro de su mente subconsciente; es la silla de sus emociones y a la vez, la mente creadora. Si usted piensa bondades, las bondades le seguirán; si piensa mal, el mal le seguirá. Este es el mecanismo, la manera según trabaja su mente.

Tan pronto la mente subconsciente acepta la idea, comienza a ejecutarla. Interesante y sutil verdad es que la ley del subconsciente puede trabajar del mismo modo para ideas buenas o malas. Cuando esta ley se aplica en forma negativa, es causa de frustración e infelicidad. Cuando el pensamiento habitual es armonioso, constructivo, se experimenta salud, prosperidad y éxitos en perfecto equilibrio.

Paz de la mente y cuerpo saludable son los resultados cuando usted piensa y siente de manera correcta. Pero es necesario que su mente subconsciente acepte su idea, que la ley de su propio subconsciente traerá la salud, la paz y la posición deseada. Usted da la orden y su subconsciente reproducirá esta idea fielmente.

Su mente tiene su propia ley y es ésta: Usted obtendrá una reacción o respuesta de su subconsciente de acuerdo con la naturaleza de los pensamientos o la idea que usted tenga en su mente consciente.

Los psicólogos y los psiquiatras notan que al ser los pensamientos atraídos por la mente consciente, quedan impresos, fijos en las células del cerebro. Tan pronto como su mente subconsciente acepta una idea, trabaja por asociación de ideas y utiliza cada pedazo de información que usted haya reunido en su vida para llevar a cabo los propósitos, utilizando el poder infinito de energía que existe dentro de usted mismo.

Coloca en línea todas las leyes de la naturaleza para que se realice su deseo. Algunas veces aparece como la portadora de soluciones inmediatas ante enormes dificultades, pero otras veces parece tener dificultades y le toma muchos días, semanas y aun meses . . . . .

. CONSCIENTE Y SUBCONSCIENTE

Recuerde que no se trata de dos mentes. Son simplemente dos esferas de actividad dentro de una mente. Su mente consciente es la mente que razona. Es la fase de la mente que se encarga de elegir; usted toma todas sus decisiones con su mente consciente.

Su mente subconsciente acepta lo que se imprima en ella o lo que su consciente cree: no razona como su mente consciente y no discute con usted a manera de controversia. Su mente subconsciente es como la tierra que acepta cualquier clase de semilla sea buena o mala. Sus pensamientos son activos y pueden prosperar en forma de semillas. Pero también pueden ser pensamientos destructivos operando negativamente en su mente subconsciente que con el tiempo se convertirán en actos exteriores desagradables, tristes o funestos.

Su mente subconsciente no discute si sus pensamientos son buenos ó malos, verdaderos o falsos; se limita a responder de acuerdo con la naturaleza de sus pensamientos o sugerencias. Por ejemplo, si usted está creyendo firmemente que algo es verdadero, aun siendo falso, su mente subconsciente lo aceptará como verdadero y procederá a obtener resultados, los cuales vendrán necesariamente porque su subconsciente los aceptó como verdaderos.

. EXPERIMENTOS HECHOS POR SICOLOGOS

Innumerables demostraciones hechas por sicólogos en personas en estado hipnótico, han probado que el subconsciente es incapaz de seleccionar y hacer comparaciones necesarias en el proceso del raciocinio, demostrando repetidamente que la mente subconsciente aceptará cualquier sugerencia aunque sea falsa. Desde el momento que la acepte, responderá de acuerdo con la naturaleza de las sugerencias dadas.

Vamos a ilustrar la responsabilidad de su mente subconsciente ante la sugestión: Si un hipnotizador sugiere a uno de los sujetos suyos que él es Napoleón Bonaparte, o un perro, o un gato, actuará de esa manera el hipnotizado con inimitable exactitud. Su personalidad se cambiará por el tiempo que dure la prueba y él creerá y obedecerá lo que el hipnotizador le esté diciendo.

Un hipnotizador experimentado puede sugerir a uno de sus estudiantes en estado hipnótico que su espalda le pica, y a otro que su nariz está sangrando; a otro que él es una estatua de mármol, a otro que él está congelado a una temperatura bajo cero. Cada uno de ellos seguirá la línea de la sugestión particular, ignorando totalmente todo lo que le rodea y que no tenga que ver con los síntomas y gestos bajo los cuales ha sido hipnotizado.

Estas sencillas observaciones demuestran claramente la diferencia entre el consciente y el inconsciente que es impersonal, no selectivo y acepta como verdadero su consciente, lo que la mente consciente cree que es cierto. Por eso es de tanta importancia seleccionar los pensamientos, las ideas y las premisas que pueden curarle o inspirarle a llenar de éxito y felicidad.

. CLARIFICACION DE LOS TERMINOS MENTE SUBJETIVA Y MENTE OBJETIVA

Su mente consciente se refiere algunas veces a su mente objetiva, porque es la que tiene que lidiar con objetos en el exterior. La mente objetiva toma reconocimiento del mundo objetivo. Un puesto de observación son sus cinco sentidos. Su mente objetiva es su guía y dirección en el contacto con su ambiente. Usted gana conocimiento a través de los cinco sentidos. Su mente objetiva aprende a través de la observación, la experiencia y la educación. Tal como se había dicho inicialmente, la mayor función de la mente objetiva es la de razonar.

Supóngase es usted uno de los miles de turistas que vienen a los Angeles anualmente: usted llegará a la conclusión de que es una ciudad bella, por sus parques, por los jardines bellos, por los majestuosos edificios y de las casas bellas. Este es el objetivo de su mente, el trabajo de su mente objetiva.

Su mente subconsciente es a menudo como su mente subjetiva. Su mente subjetiva toma reconocimiento de su ambiente por medios independientes a los cinco sentidos. Su mente subjetiva percibe por intuición. Es el asiento de sus emociones y el almacén de su memoria. Su mente subjetiva utiliza sus más altas funciones cuando sus sentidos objetivos están a la expectativa. En una palabra, es esta inteligencia que hace se manifieste cuando la mente objetiva está suspendida o en un estado de adormecimiento. (1)

Su mente subjetiva "mira" sin la utilización de los ojos a través de la visión interior que todos poseemos. Tiene la capacidad de clarividente. Su mente subjetiva puede dejar su cuerpo y viajar a tierras distantes y traer información a veces más exacta y de carácter más verdadero. A través de su mente subjetiva usted puede leer los pensamientos de otros. Tiene habilidad de tomar pensamientos de otros sin el uso de los medios subjetivos de comunicación. Es de la mayor importancia que entendamos la interacción de las mentes objetiva y subjetiva para aprender la verdad de este arte.

EL SUBCONSCIENTE NO PUEDE RAZONAR COMO SU MENTE CONSCIENTE

Su mente subconsciente no puede discutir o entablar una controversia. De manera que si usted le sugiere algo incorrecto, quiere decir que lo aceptará como verdadero y procederá en consecuencia.

Todas las cosas que han venido ocurriendo están basadas en pensamientos impresos en el subconsciente suyo a través del pensamiento.

. EL PODER TREMENDO DE LA SUGESTION

Usted debe darse cuenta que la mente consciente es el vigilante que está en la puerta, que tiene como función fundamental proteger su mente subconsciente de las impresiones falsas. Y además usted sabe que el subconsciente no puede hacer comparaciones ni que tampoco razona, ni piensa por sí misma porque esta función pertenece a su mente consciente; simplemente reacciona y obedece a las impresiones dadas por su mente consciente.

---

(1) Más favorablemente estando en reposo y mejor aún en posición horizontal.

El siguiente es un ejemplo clásico del tremendo poder de la sugestión. Supongamos que usted viaja en un barco, en tren o en un bus y le dice al pasajero compañero de viaje: "usted luce muy enfermo, está muy pálido"; "yo creo que se va a marear, déjeme que le ayude". El pasajero se tornará pálido; sufrirá mareos porque se juntaron la sugestión y el miedo, perdiendo la confianza entregándose al dominio ajeno, creyéndose enfermo cuando estaba perfectamente sano.

. DIFERENTES REACCIONES PARA LA MISMA SUGESTION

Es cierto que muchas personas reaccionarán de manera diferente a una misma sugestión, según sean sus creencias y el condicionamiento del subconsciente. Por ejemplo, si como pasajero de un barco usted se dirige a un marinero y le dice de modo afable: "mi querido amigo, luce usted muy enfermo, no se siente usted enfermo? me da la impresión de que se va a marear".

Lo más probable es que él ría o se sienta incómodo con usted. El intento de sugestión habría caído en oídos sordos en este caso, por la fortaleza y el convencimiento de este individuo.

El diccionario dice que la sugestión es el acto de introducir en la mente de alguien el proceso mental por medio del cual el pensamiento o idea sugerida es acogida, aceptada o llevada a cabo. Usted debe recordar que la sugestión no puede imponer algo en la mente subconsciente contra el deseo de la mente consciente. En otras palabras, su mente consciente tiene el poder de rechazar la sugerencia dada. En el caso del marinero, no tiene miedo al mareo. El está convencido de su inmunidad, y la sugerencia negativa no tiene poder en absoluto para provocar ese miedo.

La sugestión del mareo a otro pasajero le produjo mareo. Cada uno de nosotros tiene sus propios miedos, pensamientos, creencias y opiniones y este asumir interno gobierna nuestras vidas. Una suge-

---

(1) A las personas fuertes que viven con el lema de W. Churchill no les hubiera sucedido lo del débil pasajero y mucho menos si pensara siempre como el viejo Wiston decía: "Lo mejor para estar sano es no querer estar enfermo" (N. del E.)

rencia no tiene poder por sí misma, excepto si está mentalmente aceptada por usted. Esto hace que sus poderes subconscientes obren de una manera limitada y restringida según sea la naturaleza de la sugestión.

COMO PERDIO UN BRAZO

Cada dos ó tres años doy una serie de charlas en el London Truth Forum en Caxton Hall (Inglaterra). Este es un Forum que fundé hace varios años. El director, Dr. Fleet me contó que en un periódico inglés había aparecido un artículo acerca del poder de la sugestión: En un hombre que había trasladado un intenso deseo a su mente subconsciente durante dos años seguidos: "yo daré mi brazo derecho cuando vea a mi hija curada". Aparentemente la hija tenía un tipo deformante de artritis y una enfermedad de la piel, incurable. El tratamiento médico había fallado y el padre tenía una idea obsesiva: la mejoría de su hija repitiendo el deseo de dar un brazo, a cambio de la salud de su hija.

El Dr. Fleet refirió que un día, la familia estaba paseando en carro, cuando de repente se estrellaron: El brazo del padre fue arrancado de su hombro y de manera inmediata la artritis de la hija, así como la condición severa de la piel, desaparecieron.

Por esta razón, usted debe estar seguro de dar a su subconsciente solamente las sugerencias que curan, que elevan y que lo inspiran a usted en altos ideales. Recuerde que su mente subconsciente no entiende una broma, sino que toma sus palabras al pie de la letra.

COMO LA SUGESTION PUEDE ACABAR CON EL MIEDO

Aclaraciones sobre autosugestión: la autosugestión significa sugerirse a sí mismo algo definido, muy concreto y específico. Herbert Parkyn, en su excelente manual de autosugestión (Herbert Parkyn Autosuggestion, London: Fowler, 1916) anota el siguiente caso: Un neoyorkino, en Chicago, mira su reloj que está una hora adelantado, debido a que tenía hora en Chicago, diciéndole a un amigo de Chicago que eran las 12. El amigo de Chicago sin considerar la diferencia de tiempo entre Chicago y New York, le dice al neoyorkino que tiene apetito y que deben irse a almorzar . La autosugestión puede ser utilizada para quitar miedos y otras condiciones negativas. Una joven cantante fue invitada a pasar una prueba ante un auditorio, lo cual ella había estado buscando desde hacía mucho tiempo, pero en tres ocasiones anteriores había fallado tremendamente, precisamente por el miedo a fallar. Esta jovencita tenía muy buena voz pero se había dicho a sí misma repetidas veces, "cuando se me llegue la hora de cantar, probablemente no gustaré. Trataré, pero estoy llena de miedo y angustia".

Su mente subconsciente aceptaba estas actitudes negativas y se manifestaba trayéndolas a la acción donde estaba la falla de poder realizar el acto de cantar en público. La causa era por lo tanto una autosugestión, involuntaria. Miedos silentes, pensamientos llenos de miedos transportados en forma emocional y subjetiva.

Pero pudo superarse gracias a la siguiente técnica: tres veces al día aislada en su pieza se sentaba confortablemente en una silla con brazos; se relajaba y cerraba sus ojos, relajaba su mente y su cuerpo de la mejor forma. La inercia física favorece la pasividad mental y deja a la mente más receptiva a la sugestión. Ella contra-atacaba el miedo diciendo las siguientes palabras: "yo canto muy bien, estoy reposada, serena, llena de confianza y de calma". Lo repetía lentamente con gran fe, unas cinco a diez veces al día y una vez más antes de irse a dormir. Al final de la semana, se encontraba calmada, llena de confianza y el día del recital tuvo un gran éxito.

. UN CASO DE RECUPERACION DE MEMORIA

Una mujer de 75 años, tenía el hábito de decirse a sí misma: "Estoy perdiendo mi memoria". Ella pudo haber procedido de forma contraria y practicar la autosugestión varias veces al día de la siguiente forma: "mi memoria de hoy en adelante mejora en cada uno de los aspectos de mi vida. Ahora, siempre recordaré todo lo que necesite, en cada momento y en cada punto donde me encuentre. Las impresiones recibidas serán más claras y definidas. Retendré en mi memoria automáticamente y con gran facilidad. Lo que quiera recordar se hará presente de manera inmediata en mi mente. Estoy mejorando cada día y muy rápidamente mi memoria será mejor que nunca". Al final de las tres primeras semanas, su memoria era normal; y a ella se le veía muy contenta.

. COMO SE VENCIO UN TEMPERAMENTO DESAGRADABLE

Existen numerosos hombres irritables y malgeniados. Muchos de estos son muy susceptibles a la autosugestión y obtienen resultados maravillosos utilizando los siguientes métodos, las siguientes frases tres ó cuatro veces al día, por la mañana, al medio día y por la noche antes de irse a dormir, durante un mes como mínimo: En adelante tendré buen humor. La alegría y felicidad serán mis estados de ánimo habituales. Cada día me vuelvo más y más comprensivo. Me estoy volviendo ahora el centro de la bondad y el agrado y todos aquellos que están a mi alrededor me llenan de buen humor. Esta felicidad se va convirtiendo en mi estado natural de la mente por lo que estoy francamente agradecido".

. EL PODER CONSTRUCTIVO Y DESTRUCTIVO DE LA SUGESTION

Algunas enseñanzas y comentarios sobre la heterosugestión: heterosugestión indica la sugestión de otras personas. En todas las épocas el poder de la sugestión ha jugado una parte importante en la vida del pensamiento del hombre en todo tiempo, y en cada país de la tierra. En muchas partes del mundo, la sugestión es el medio de control utilizado por la religión.

La sugestión puede ser utilizada como autodisciplina (1) y para controlarnos, pero también puede ser utilizada para tomar el mando sobre otros que no conocen las leyes de la mente. En su forma constructiva es bella y magnífica. Y en sus aspectos negativos, es una de las más destructivas de todos los patrones de respuesta de la

---

(1) También se utiliza en forma progresiva en el mundo industrial y comercial para crear la necesidad de usar un producto aunque no sea necesario. (N. del E.)

mente, resultando muy efectiva en patrones de miseria, fallas, sufrimiento, enfermedad y desastre.

HA ACEPTADO USTED ALGUNO DE ESTOS?

Desde la infancia, la mayoría de nosotros hemos recibido muchas imágenes negativas. No sabiendo cómo defendernos de ellas, las hemos aceptado inconscientemente. Aquí hay algunos ejemplos de ejemplos negativos: "usted no puede, usted jamás llegará a ser nada, no debería, fallará, no tiene chance, esta equivocado, no sirve para nada". "No es tanto lo que usted sabe sino a quién conoce, para qué nos preocupamos, a nadie le importa nada, no vale la pena tratar de trabajar tan duro, usted está muy viejo ya, cada día las cosas se están poniendo peores, mi vida es una molienda infinita, no puede ganar, muy pronto usted quebrará, mucho cuidado va a pescar el virus, no puede confiar en nadie, etc."

Salvo que suceda a un adulto dotado del dominio y use autosugestión constructiva, que es una terapia de reacondicionamiento, las impresiones hechas, pongamos por ejemplo, a usted en el pasado, pueden producir patrones de comportamiento que causan la falla en su vida social y personal. La autosugestión es un medio de liberarle a usted de esa masa de condicionamiento verbal negativo, que puede distorsionar su patrón de vida, haciendo difícil el desarrollo de buenos hábitos.

USTED PUEDE CONTRAATACAR LAS SUGESTIONES NEGATIVAS

Lea el periódico cualquier día y usted puede ver docenas de anuncios-noticias que esparcen semillas innecesarias desde la futilidad al miedo; del temor a la angustia; del pánico a la catástrofe inminente. Si usted los acepta pueden producirle pérdidas para siempre. Pero si se siente capaz de rechazar todas estas sugestiones negativas, dándole al subconsciente una sugestión constructiva, tenga la más absoluta seguridad que usted podrá contraatacar y destruír estas ideas.

Controle regularmente las influencias negativas que la gente quiere "imprimir" en usted. No se deje convencer por sugestiones destructivas. Todos nosotros hemos sufrido este problema en nuestra infancia y adolescencia. Si usted mira para atrás, podrá recordar fácilmente como sus padres, sus hermanos, sus familiares, profesores y asociados contribuyeron contra su eficiencia personal imprimiéndole una serie de sugestiones negativas. Reflexione en las cosas que le inculcaron y descubrirá, que gran parte fue propaganda negativa.

El propósito de gran parte de lo que le dijeron fue para ejercer control sobre usted o infundirle miedo.

Este proceso de sugestión negativa sucede en cada casa del mundo, en cada oficina, colectividad, fábrica, o negocio. Usted encontrará que muchas de estas sugestiones son con el propósito de hacerle sentir, hacerle pensar y actuar como los otros desean que usted piense o actúe, pero claro, en beneficio de ellos y no en el suyo.

. COMO LA SUGESTION MATO A UN HOMBRE

He aquí un ejemplo de sugestión. Un familiar mío fue donde un vidente que lee el futuro en una bola de cristal; le dijo que sufriría una enfermedad al corazón, y predijo su muerte en la próxima luna. El se lo contó a sus parientes y le arregló su testamento.

Tan poderosa sugestión entró a su subconsciente, aceptada por él completamente. Este pariente, me contó además que su vidente tenía grandes poderes ocultos y que podía producir daños a otras personas. El pobre murió tal como estaba predicho, sin saber la causa de su muerte. Yo creo que muchos de nosotros podemos contar análogas historias estúpidas y ridículas.

Miremos lo que ocurre a la luz de nuestros conocimientos, sobre la forma en la cual la mente subconsciente trabaja. Ya sabemos que la mente subconsciente aceptará y actuará en base a lo que le diga y le transmita la mente consciente. Mi pariente era un hombre feliz, lleno de salud, vigoroso y robusto, cuando fue a ver a la vidente y ésta le hizo una poderosa sugestión negativa, muy negativa y terrible que él aceptó, convirtiéndole en un hombre aterrorizado, pensando constantemente en su muerte durante la próxima luna nueva, resolviendo contárselo a todo el mundo y a prepararse para el final. Fue tal el poder de sugestión que no pudiendo resistir semejante estúpida pesadilla murió tal como lo predijo la pitonisa envenenadora de un subconsciente y carácter débiles. La mujer que predijo su muerte, no tiene más poder que las piedras del camino. La sugestión no hubiera tenido poder si mi pariente hubiera conocido las leyes de su mente. El hubiera rechazado completamente la sugestión negativa evitando la más mínima atención a sus palabras, y totalmente confiado de estar gobernado unicamente por sus propios pensamientos. De haber se tratado de un carácter fuerte, tales palabras hubieran tenido el mismo efecto que débiles flechas tiradas contra un acorazado y la profecía hubiera quedado completamente neutralizada y disipada, sin llegar a herirle en lo más mínimo.

La sugestión de otros carece de valor, excepto que la sugestión ajena tenga la fuerza de penetrar y derrotar sus propios pensamientos. Usted no debe dar su consentimiento a cualquier influencia, ni aceptarla como verdadera para que tenga efecto, hasta tanto haya puesto en práctica mis sugerencias y enseñanzas anteriores. No olvide que usted tiene la capacidad para elegir, elija la vida, elija el amor, elija la salud.

. PODER DE UNA PREMISA MAYOR ASUMIDA

Su mente trabaja como un silogismo (1). Esto significa que cualquiera que sea la premisa que su mente consciente acepta como verdadera, esto determina la conclusión a la cual llega su mente subconsciente en relación a cualquier pregunta ó problema en su mente. Si su premisa (2) es verdadera, la conclusión debe ser verdadera como en el siguiente ejemplo: cada virtud es laudable:

la bondad es la virtud;

---

(1) Silogismo. **Son las tres partes lógicas de ciertas frases. Por ejemplo:** Todos los ciudadanos de Latinoamérica son americanos; tú naciste en Colombia, luego eres americano. **La primera parte de la frase, es la mayor, la segunda es la menor y la tercera es la conclusión. (N. del E.)**

(2) Premisa. **Es cada una de las dos primeras proposiciones de un** Silogismo, **de las cuales se saca la conclusión con cuya tercera se forma el** Silogismo. **(N. del E.)**

en conclusión, la bondad es laudable.

Otro ejemplo es como sigue:

Las cosas antiguas cambian y desaparecen
Las pirámides de Egipto son cosas antiguas;
por lo tanto algún día las pirámides desaparecerán.

La primera frase se refiere como la premisa mayor y la conclusión verdadera debe necesariamente seguir a la premisa verdadera.

Un profesor de Universidad, que acudió a una de mis charlas en New York, dijo "todo en mi vida es difícil y he perdido la salud, la riqueza y los amigos. Cada cosa que yo toco sale mal". Le expliqué a él que debería establecer una premisa mayor en su pensamiento, que la infinita sabiduría del subconsciente lo estaba guiando y dirigiendo, haciéndolo prosperar mental, espiritual y materialmente. Posteriormente su mente subconsciente automáticamente lo dirigiría de manera sabia, en sus decisiones, inversiones, y también curando su cuerpo y restaurando la paz y la tranquilidad en su mente.

Este profesor formuló la siguiente actitud de firmeza:

"Mi inteligencia infinita me guía en todos mis caminos. Mi salud es perfecta; la ley de la armonía opera en mi mente y en mi cuerpo. La belleza, el amor, la paz y la abundancia son mías. El principio de la acción verdadera y del orden divino gobierna mi vida entera. Sé que la premisa mayor está basada en las verdades eternas de la vida, y yo conozco, siento y creo que mi subconsciente responde de acuerdo con la naturaleza de mi mente consciente".

El me escribió lo siguiente: "he repetido la frase mencionada arriba, lentamente, con amor y fe, varias veces al día, sabiendo que mis deseos están penetrando en lo más hondo de mi mente subconsciente y que el resultado no se hará esperar. Estoy profundamente agradecido por la entrevista que usted me concedió. Quiero añadirle que todos los compartimientos de mi vida están cambiando hacia lo mejor. Esto funciona".

. EL SUBCONSCIENTE NO DISCUTE NI ENTABLA CONTROVERSIA

Su mente subconsciente es sabiduría; tiene las respuestas para cada pregunta. No discute con usted ni le replica; por ejemplo cuando usted dice: "yo no puedo hacer esto; estoy muy viejo; no puedo llevar a cabo mis obligaciones; nací en una mala hora; no tengo influencias políticas", usted está impregnando el subconsciente con esos pensamientos negativos, los cuales, también responderán negativamente. Usted está bloqueando su propia bondad y su propio éxito. Atrayendo limitaciones y frustraciones en su vida, en vez de generosidad, amplitud, grandes perspectivas y brillantes horizontes.

Cuando usted se pone impedimentos, obstáculos y retrasos en su mente consciente, usted está negando la sabiduría y la inteligencia en su mente subconsciente. Si usted dice que su mente subconsciente no puede resolver todos esos problemas, le llevarán a una congestión emocional y mental, degenerando en enfermedad con tendencias neuróticas.

Para llevar a cabo su deseo y terminar con la frustración deberá decir para sí, varias veces al día:

"La inteligencia infinita que me sugirió este propósito me trae, me guía y me revela el plan perfecto para realizar mis deseos. Reconozco que la profunda sabiduría de mi subconsciente, me está ahora respondiendo, y lo que yo siento y reclamo dentro de mí se expresa fuera de mí. Existe un equilibrio y ecuanimidad".

Pero si usted dice, "no hay salida; estoy perdido; estoy bloqueado", no obtendrá respuestas de su mente subconsciente. Si quiere que su mente subconsciente trabaje por usted, déle las órdenes correctas y obtendrá su cooperación. Siempre está trabajando para usted, controlando los latidos de su corazón y el ritmo de su respiración. Puede curarle una herida; es la salvaguardia de su vida, siempre busca cuidarle y preservarle. El subconsciente suyo tiene mente propia, que sabe aceptar los patrones del pensamiento e imaginación suyas.

Cuando usted está tratando de hallar respuesta a un problema, su subconsciente le responderá, siempre que usted tome una decisión concreta, firme y un juicio verdadero en su mente consciente y luego usted aceptará la respuesta en su subconsciente. Pero si dice: "creo no exista una salida; estoy todo confundido, por qué no obtengo una respuesta? " es porque usted está neutralizando sus propios deseos, es decir no los ha expuesto con decisión, firmeza o ambiguamente.

Relájese, en lugar silencioso y dígase a usted mismo —con decisión firme: "mi mente subconsciente conoce la respuesta. Está repondiéndome ahora. Doy gracias debido a que yo conozco la inteligencia infinita de mi subconsciente que conoce todas las cosas y está revelando la respuesta perfecta en este momento para mí. Mi convicción real ahora está liberando la mente subconsciente majestuosa y gloriosa. Yo me regocijo de que eso es así".

. REPASO DE LOS PUNTOS ANTERIORES MAS IMPORTANTES

1. Piense bien y el bien seguirá. Piense mal y el mal seguirá. Usted es lo que usted piensa todo el día.

2. Su mente subconsciente no discute con usted. Acepta lo que su mente consciente le determina. Si usted dice "no puedo comprar lo", podrá ser verdad, pero no lo diga. Seleccione un mejor pensamiento y diga "lo compraré, yo lo acepto en mi mente".

3. Usted tiene el poder de escoger. Escoja la salud y la felicidad Usted puede escoger ser amigable o puede escoger ser cascarrabias. Escoja ser cooperador, amigable, contento, amante de las cosas y todo el mundo le responderá. Esta es la mejor manera de desarrollar una personalidad maravillosa.

4. Su mente consciente es el celador "a la entrada". Su función principal es proteger su mente subconsciente de las situaciones falsas. Escoja el creer que algo bueno le puede suceder, y que puede pasar ahora. Su gran poder está en la capacidad de escoger. Escoja felicidad y abundancia.

5. La sugestión y lo que otros dicen no tienen poder para herirlo. El único poder es el movimiento de sus propios pensamientos. Usted puede elegir o rechazar los pensamientos o lo que otros dicen y afirmar lo bueno. Usted tiene el poder de escoger cómo reaccionará.

6. Observe lo que usted dice. Usted debe recordar cada una de sus palabras. Nunca diga, "fallaré, perderé mi trabajo, no puedo pagar el arrendamiento". Su mente subconsciente no tolera bromas.

7. Su mente no es mala, no hay ninguna fuerza de la naturaleza que sea mala. Depende cómo use los poderes de la naturaleza. Use su propia mente para *curar e inspirar* a todas las personas.

8. Nunca diga "no puedo". Venza ese miedo sustituyendo ésto por lo siguiente, "yo puedo hacer todas las cosas, a través del poder de mi propia mente subconsciente".

9. Comience a pensar desde el punto de vista de las verdades eternas y de los principios de la vida y no desde los puntos de vista del miedo, la ignorancia y la superstición. No permita que otros piensen por usted. Elija sus propios pensamientos y haga sus propias decisiones.

10. Usted es el capitán de su propia alma, es decir de su mente subconsciente. Usted es el maestro de su propio futuro.

11. Cualquier cosa que su mente consciente asuma y crea que es verdad, su mente subconsciente aceptará y la dejará pasar.

Crea en la buena fortuna, en la guía divina, en la acción verdadera y en todas las maravillas de la vida.

El milagroso poder de trabajo de su subconsciente 3

El poder del subconsciente es enorme. Le inspira y le guía y le revela los nombres, los hechos y las escenas que están guardados, "archivados" en su memoria. Su subconsciente inició los latidos de su corazón, controla la circulación de su sangre, regula la digestión, la asimilación y la eliminación. Cuando usted come pan, su subconsciente tiene también que ver con la transmutación de este producto a tejidos, músculos, esqueleto y sangre. Este proceso va más allá de los poderes del más sabio de los hombres. Su subconsciente controla los procesos vitales y las funciones de su cuerpo y tiene las respuestas para todos los problemas.

Su subconsciente nunca duerme, nunca descansa. Está siempre trabajando. Usted puede descubrir el poder de trabajo maravilloso de su subconsciente. Dígale antes de dormirse que usted quiere que se realice cierto asunto y se sorprenderá al descubrir que sus fuerzas internas empiezan a trabajar llevándole a obtener los resultados. Ahí es donde existe una fuente de poder y sabiduría colocándole a usted en contacto con la omnipotencia ó el poder que mueve el mundo, que guía los planetas en su curso y que origina la salida del sol.

El subconsciente suyo es la fuente de sus ideas, de sus aspiraciones y de sus necesidades altruistas. Fue a través de su subconsciente que Shakeaspeare percibió las grandes verdades ocultas en el promedio del hombre de sus días. Indudablemente, ésta fue la respuesta de la mente subconsciente que inspiró y movió al escultor griego Phidias, al ejecutar en bloques de mármol y en bronce, belleza, orden, simetría y proporción. Permitió al artista italiano Rafael, pintar madonas; y a Ludwig Van Bethoven componer sinfonías.

En 1955, yo di una conferencia en la Universidad de Yoga de Rishiashrishikesh y tuve oportunidad de conversar con un cirujano de Bombay. El me contó acerca de un cirujano escocés que trabajó en Bengala antes del descubrimiento del éter o de los métodos modernos de anestesia. Entre 1843 y 1846 este médico realizó unas 400 operaciones, desde amputaciones, extracciones de tumores, cáncer, hasta operaciones en los ojos, oídos y garganta. Todas las operaciones fueron conducidas bajo anestesia mental solamente. Este doctor Hindú me informó que la mortalidad postoperatoria de estos pacientes era extremadamente baja, ya que sólo murieron de un dos a tres por ciento. Los pacientes no sintieron dolor y no ocurrieron muertes durante las operaciones. Este médico sugestionaba a la mente subconsciente de todos sus pacientes, que estaban en estado hipnótico; las heridas no se infectaban ni desarrollaban condiciones desfavorables postoperatorias. Usted debe recordar que antes de Luis Pasteur, Joseph Lister y otros habían identificado la infección como causada por virus y ya habían apuntado el origen de las enfermedades bacteriales causados por instrumentos no esterilizados y a organismos virulentos del ambiente.

Este cirujano Hindú decía que la razón de la baja mortalidad y la ausencia general de infección se redujo a un mínimo, debida indudablemente a la sugestión que este médico ejercía sobre la mente subconsciente de sus pacientes. Ellos respondieron de acuerdo con la naturaleza de esta sugestión.

Es simplemente bello, cuando usted piensa que hace ciento veinticinco años un cirujano descrubrió los maravillosos poderes de trabajo de la mente subconsciente. Podrá ser para usted una suerte, una clase muy especial de mística cuando usted por un momento se detiene y piensa en los poderes trascendentales de su mente subconsciente? . Considere el fenómeno de la percepción extrasensorial, por ejemplo, la clarividencia, la independencia del tiempo y el espacio, la capacidad para no sufrir dolor, la capacidad para obtener respuesta a todos los problemas, cualquier otro fenómeno de este mismo tipo. Todos éstos y muchos más revelan que hay un poder y una inteligencia dentro de usted que trasciende el intelecto y que causa y produce maravillas. Todas estas experiencias producen regocijo y fé en el poder de la mente del subconsciente que trabaja.

. EL CONSCIENTE ES EL LIBRO DE SU VIDA

Cualquier pensamiento, creencia, opinión, teoría o dogma que usted escribe, o imprime en su mente subconsciente, usted debe experimentarlos como las manifestaciones subjetivas de circunstancias, condiciones y eventos. Lo que usted escribe en la parte interna lo experimentará en el exterior. Usted tiene dos lados en la vida: objetivo subjetivo, visible e invisible pensamiento y manifestación del mismo.

Su pensamiento es recibido en su cerebro que es el órgano de la mente que razona oonsciente. Cuando su consciente o mente objetiva acepta el pensamiento completamente es enviado al plexo solar llamado el cerebro de su mente donde comienza a manifestarse en forma de experiencias.

Tal como se había resumido anteriormente, su mente subconsciente no discute. Actúa solamente de acuerdo a lo que usted escribe en ella. Acepta su veredicto o las conclusiones de su mente consciente como finales y determinantes. Esta es la razón por la cual usted siempre estará escribiendo en el libro de la vida, debido a que sus pensamientos se convierten en experiencias propias.

El ensayista americano Ralph Waldo Emerson, dijo "el hombre es lo que piensa todo el día".

LO QUE SE IMPRIME EN EL SUBCONSCIENTE SE MANIFIESTA EXTERIORMENTE

William James, el padre de la psicología americana, dijo que el poder de mover al mundo está en la mente subconsciente. Su mente subconsciente es una mente con infinita inteligencia y sabiduría infinita. Se alimenta de pequeños resortes ocultos y es llamada la ley de la vida.

Se deberá por tanto imprimir siempre en el subconsciente ideas correctas y pensamientos constructivos.

La razón por la cual hay tanto caos y miseria en el mundo, es debido a que la gente no entiende la interacción, la relación del consciente con el inconsciente. Cuando estos dos principios trabajan de acuerdo, en paz y de manera sincronizada, usted encontrará salud, belleza, felicidad, paz y entendimiento. Tenga la seguridad que no existe enfermedad, ni discordia cuando estas dos mentes trabajan armoniosamente y en paz.

Abrieron la tumba de Hermes con gran espectativa y sensación, pues siempre se creyó que contenía grandes secretos. No había tales misterios. El secreto fue así: tal como está dentro así será afuera; tal como está arriba así será abajo.

En otras palabras, todo aquello que está impreso en el subconsciente suyo está expresado en el espacio. La misma verdad fue proclamada por Moisés, Isaías, Jesús, Buda, Laotse y todos los iluminados de todas las épocas y religiones. Cualquier cosa que usted sienta como verdadera subjetivamente se expresa como condición, experiencia y evento. La moción y la emoción deben encontrarse en equilibrio.

Descubrirá, observando usted la naturaleza una ley de la acción y la reacción; del reposo y el movimiento. Estas dos deben estar balanceadas para obtener la armonía y el equilibrio para permitir que el principio de la vida fluya a través de usted, rítmica y armoniosamente. Las entradas y las salidas deben ser iguales. La impresión y la expresión deben ser iguales. Toda frustración es debida a un deseo no realizado. Esto, a pesar de que las teorías freudianas han sido revaluadas en gran parte, aún existen muchos sicólogos experimentalistas que sostienen estas tesis.

Si usted piensa negativa, destructiva y viciosamente, sus pensamientos generarán emociones destructivas y para darles una salida deberán ser expresadas o manifestadas. Estas emociones al ser de naturaleza negativa frecuente, se manifestarán en úlceras, en trastornos cardíacos, tensión o angustia.

Ahora yo le pregunto: ¿Cuál es la idea que usted tiene de usted mismo? Tenga en cuenta que su vitalidad, su cuerpo, su estado financiero, sus amigos, su estado social, representan un reflejo perfecto, una proyección de la idea que usted tiene de usted mismo y es el verdadero significado impreso en su mente subconsciente manifestada en todas las fases de su vida.

Nosotros nos herimos a nosotros mismos por culpa de las ideas negativas que consideramos. Cuántas veces se ha herido usted mismo al ponerse bravo, al temer, al estar celoso ó vengativo? Estos son los venenos que entran en su mente subconsciente. Usted no nació con estas actitudes negativas. Alimente su mente subconsciente con pensamientos que traigan vida y podrá borrar todos los patrones negativos que encuentran dentro de usted. A medida que continúe haciendo esto, todo el pasado será borrado y no habrá más recuerdos tristes, destructores, que minen su alegría.

. EL SUBCONSCIENTE CURA UNA ENFERMEDAD MALIGNA EN LA PIEL

Voy a referir una curación personal como la evidencia más convincente para el más escéptico debido a los poderes curativos de la mente subconsciente. Hace unos 40 años, me pude curar un cáncer de piel por mis propios métodos. La terapia médica había fallado para evitar el crecimiento de este cáncer desarrollado progresivamente.

Un sacerdote con profundo conocimiento sicológico refiriéndole sobre mi enfermedad quiso consolarme con el siguiente argumento: "Este reloj tiene fabricante, y el fabricante primero tuvo una idea en su mente antes de que el reloj se convirtiera en una realidad objetiva, y si el reloj se dañaba este fabricante podía arreglarlo". Mi amigo me recordaba que la inteligencia subconsciente que había creado mi cuerpo era como el fabricante del reloj y que él también conocía exactamente cómo curarlo, cómo restaurarlo y dirigir las funciones vitales y los procesos de mi cuerpo, pero que debería proveer la guía de la salud. Y ésto actuaría como una causa y el efecto sería la curación.

Entonces, yo inicié la sencilla oración siguiente: "Mi cuerpo y todos mis órganos fueron creados por la infinita inteligencia de mi mente subconsciente. Yo sé como curarme. Su sabiduría hizo mis órganos, mis tejidos, mis músculos y mis huesos. Esta curación infinita está presente dentro de mí, está transformando cada átomo de mi ser, haciéndome a mí como un todo más perfecto. Estoy agradecido por la curación que está realizándose. Maravillosas cosas de inteligencia creativa están pasando dentro de mí"

Recé en esta forma durante 5 minutos, dos o tres veces al día, repitiendo las mismas frases, tres meses después, mi piel se había curado completamente.

Como usted puede ver, todo lo que hice fué darle modelos vivificantes de totalidad, belleza y perfección a mi mente subconsciente, desechando las imágenes negativas y los patrones de pensamiento anidados en mi subconsciente causantes de todos mis problemas. Nada existe en su cuerpo excepto el equivalente mental; el día que usted cambie su mente, redirigiéndola con afirmaciones usted cambiará su cuerpo. Esta es la base de todas las curaciones.

. COMO EL SUBCONSCIENTE CONTROLA TODAS LAS
. FUNCIONES DEL CUERPO

Cuando usted está despierto ó dormido, su mente subconsciente se halla en actividad incesante, controlando todas las funciones vitales de su cuerpo sin necesitar la ayuda de su mente consciente. Por ejemplo cuando usted está dormido, su corazón continúa contrayéndose y sus pulmones no descansan en el proceso de inhalación y exhalación continua. Así que su sangre absorbe oxígeno y actúa lo mismo que estando despierto. El subconsciente controla los procesos digestivos y glandulares así como las misteriosas operaciones del cuerpo. El pelo continúa creciendo así usted esté dormido o despierto. Los científicos le dicen a usted que la piel segrega mucho más sudor durante el sueño que estando despierto. Sus ojos, sus oídos y sus sentidos están activos durante el sueño. Por ejemplo, muchos de nuestros grandes científicos han recibido respuestas durante su sueño a problemas que nos dejaría perplejos. Ellos encontraron las respuestas cuando soñaban.

Muy a menudo, la mente consciente interfiere con el ritmo normal del corazón, pulmones y el funcionamiento del estómago, los intestinos, por preocupación, angustia, miedo o depresión. Estos patrones de pensamiento interfieren con el funcionamiento armonioso de una mente subconsciente. Cuando se está mentalmente enfermo, el procedimiento mejor es relajarse, abandonarse, abstraerse, despreocuparse. Hable entonces a su mente subconsciente ordenándole paz, armonía y orden, y ya verá como todas las funciones de su cuerpo se volverán normales de nuevo. Pero debe hablar a su mente subconsciente con autoridad y convicción; ésta le obedecerá.

Su subconsciente busca preservar su vida y restaurar la salud a cualquier precio. Esto hace que usted ame a sus hijos, lo cual también ilustra el deseo instintivo de preservar la vida.

. COMO HACER PARA QUE EL SUBCONSCIENTE SUYO TRABAJE PARA USTED?

Parta de un principio que repetiré centenares de veces: Su mente subconsciente siempre está trabajando, activa noche y día, mientras usted trabaje o esté en reposo. Aceptamos que el subconsciente es el creador de su cuerpo, pero usted no puede oir conscientemente el silencio o un proceso silencioso. También sus negocios tienen que ver con la mente consciente y no con la inconsciente. Mantenga la mente consciente ocupada con las perspectivas de lo mejor, y esté seguro de que sus pensamientos están basados en amor, en verdad, en justicia, en buenas obras. Comience ahora a cuidar su mente consciente, sabiendo en su corazón y en su alma que su mente subconsciente está siempre reproduciendo y manifestándose de acuerdo con su pensamiento habitual.

Del mismo modo como el agua ocupa el lugar del recipiente que la contiene, el principio de la vida que existe en usted fluye a través de usted, de acuerdo con la naturaleza de sus pensamientos con la ayuda y presencia curativa de su subconsciente brindándole armonía, salud, paz, abundancia y felicidad.

Hágase a la idea de que usted no está solo, que hay una inteligencia viviente, una compañía amorosa en su vida. Crea firmemente que está continuamente fluyendo a través suyo, vivificándole, inspirándole y haciéndole próspero. Responderá exactamente de esa manera. Esto será un hecho pero sólo en la medida que usted lo crea.

. EL PRINCIPIO DE CURACION SUBCONSCIENTE RESTAURA NERVIOS OPTICOS ATROFIADOS

Existe un conocido caso suficientemente comprobado: el de Madame Bire de Francia; registrado en los archivos del departamento médico de Lourdes en Francia. Ella visitó Lourdes, siendo ciega, con nervios ópticos atrofiados e inútiles. Obtuvo lo que se ha dado en llamar una curación milagrosa. Ruth Cranston, una joven que investigó y escribió acerca de la curación de Lourdes en la revista MacCall's de Noviembre 1955, escribe acerca de Madame Bire, como sigue: "En Lourdes ella recobró la vista de una manera increíble, con los nervios ópticos aún sin vida y con los testimonios de los médicos después de repetidas observaciones que sus mecanismos de visión se habían restaurado en su totalidad y eran normales. Desde el punto de vista médico, ella estaba viviendo con unos "ojos muertos". Yo he visitado a Lourdes varias veces y he podido observar curaciones. No hay duda de que en otros santuarios del mundo ya sean cristianos o nó, también suceden. En el capítulo siguiente explicaremos algunos.

Madame Bire a la cual me refería, no se curó por l acción milagrosa de unas aguas; se curó por medio de su mente subconsciente respondiendo a su creencia. El principio de curación dentro de ella, dentro de su mente subconsciente, respondió a la naturaleza de su pensamiento. La creencia es un pensamiento de la mente subconsciente. Significa aceptar algo como verdad. El pensamiento aceptado se ejecuta automáticamente. Indudablemente Madame Bire con una gran fe y con el convencimiento de que ella recibiría la curación. Su mente subconsciente respondió de acuerdo con ésto liberando las fuerzas curativas.

. COMO LLEVAR LA IDEA DE LA SALUD PERFECTA A SU MENTE SUBCONSCIENTE

Conocí en Suráfrica a un sacerdote quien me comentó el método utilizado por él para llevar la idea de la salud perfecta al subconsciente. El padecía un cáncer de pulmón. Su técnica, tal como él me la había dado, de su propio puño y letra decía así: "varias veces al día me aseguro de estar totalmente relajado mental y físicamente. Relajo mi cuerpo hablándole en la siguiente forma: "mis pies están relajados, mis rodillas están relajadas, mis piernas están relajadas, mis músculos abdominales están relajados, mi corazón y mis pulmones están relajados, mi cabeza está relajada, mi totalidad está completamente relajada. Después de 5 minutos me siento adormilado y digo la siguiente verdad: "Una divina perfección se expresa ahora a través de mí. La idea de la salud perfecta llena mi mente subconsciente. La imagen que Dios tiene de mí es una imagen perfecta y mi subconsciente recrea de nuevo mi cuerpo de acuerdo con la imagen perfecta que tengo en la mente de Dios".

Este sacerdote se curó de manera sorprendente. Este ejemplo es un modelo simple para llevar la idea de la salud perfecta a la mente subconsciente. Otra manera de llevar la idea de salud a la mente subconsciente es a través de una imaginación disciplinada o científica. Le conté a un hombre afectado por una parálisis funcional, que hiciera el esfuerzo mental de verse caminando en su oficina, tocando el escritorio, contestando el teléfono y haciendo todas las cosas que ordinariamente haría si estuviera sano. Expliqué a esta persona la idea de tener una imagen mental y salud perfecta aceptadas por su mente subconsciente.

El vivió este rol imaginario; se figuró estar en la oficina, sabía que estaba dándole trabajo a su mente subconsciente para que ésta pudiera entrar en acción. Su mente subconsciente era como la película que él estaba imprimiendo. Un día después de varias semanas de frecuente acondicionamiento de la mente, para esta película mental, sonó varias veces el teléfono, mientras su esposa y enfermera se encontraban fuera de casa. El teléfono estaba a unos cuatro metros, pero él se las arregló para contestar. Una hora después estaba curado. El poder de curación de su subconsciente, respondió a la imagen mental y la curación no se hizo esperar.

Este hombre tenía un bloqueo mental causado por los impulsos del cerebro, inmovilizándole sus piernas y es así como él dijo estar impedido para caminar. Cuando modificó su obsesión interna, se produjo una liberación del bloqueo creado erróneamente obstaculizando su poder interno y así le permitió caminar.

. REPASO DE LO LEIDO EN EL CAPITULO ANTERIOR. IDEAS QUE SE DEBEN RECORDAR

1. Su mente subconsciente controla todos los procesos vitales de su cuerpo y conoce las respuestas a todos los problemas.
2. Antes de irse a dormir, haga un requerimiento específico al subconsciente tratando de probar el poder de trabajo milagroso del subconsciente suyo en usted mismo.
3. Cualquier cosa que usted imprima en su mente subconsciente, se proyecta en la pantalla del espacio como acontecimientos y experiencias. Por lo tanto usted debe escoger cuidadosamente las mejores ideas y los pensamientos que alimentan y consideran su mente consciente, desechando las ideas nocivas, las destructoras de la paz interior y del amor.
4. La ley de la acción y la reacción es universal. Su pensamiento es acción, y la reacción es la respuesta automática de su mente subconsciente a su pensamiento. Cuidado con sus pensamientos!
5. Toda frustración se debe a deseos no cumplidos. Si usted fija

demasiado su atención y comenta frecuentemente los obstáculos, las demoras y las dificultades, su mente subconsciente formará un muro de contención y bloqueará su propia felicidad y paz del espíritu.

6. El principio de la vida correrá a través de usted rítmica y armoniosamente si usted afirma conscientemente: "Estoy seguro que el poder subconsciente que me da este deseo, se está llenando dentro de mí". Esto disolverá sus conflictos.
7. Usted llegará a interferir el ritmo normal de su corazón, de sus pulmones, de sus órganos si usted alimenta preocupación, angustia y miedo. Alimente su subconsciente con pensamientos de armonía, salud y paz y todas las funciones de su organismo se normalizarán de nuevo.
8. Guarde y mantenga su mente subconsciente ocupada con la esperanza de lo mejor, y su subconsciente reproducirá de manera fiel su pensamiento habitual.
9. Imagine un final feliz o una solución afortunada a su problema; sienta la emoción de lograr algo y lo que usted se imagina y siente, será aceptado y lo logrará con su mente subconsciente.

Curación mental en tiempos antiguos 4

A través de los tiempos, todos los hombres han pensado instintivamente que en alguna parte residía un poder curativo que podía restaurar las funciones normales del hombre. Se creía que este poder extraño podía ser invocado bajo ciertas condiciones, consiguiendo el alivio del sufrimiento humano. La historia de todas las naciones presenta testimonios para sostener esta creencia.

En la temprana historia del mundo, el poder de influenciar misteriosamente al hombre, ya fuere para bien o para mal, incluyendo la curación del enfermo, se le atribuía a ciertos sacerdotes de cada una de las naciones. La curación del enfermo se suponía fuera a causa de un poder derivado directamente de Dios, y los procedimientos de la curación eran muy diversos en el mundo entero. El proceso de curación tomaba la forma de súplicas a Dios, seguidas de varias ceremonias y ayudados con amuletos, talismanes, anillos, reliquias, imágenes, etc.

Por ejemplo, en las religiones de la antigüedad, los sacerdotes de los templos daban drogas al paciente y practicaban la sugestión hipnótica antes de que el paciente se durmiera, diciéndole que los dioses le visitarían en su sueño y le curarían. Muchas curaciones siguieron a la utilización de este método. Obviamente, esto era el trabajo de la sugestión en la mente subconsciente.

Después del éxito de ciertos ritos misteriosos, los devotos de Hecate verían a la diosa durante el sueño, siempre y cuando antes del sueño ellos hubieran rezado de acuerdo con las instrucciones fantásticas y un tanto bizarras. Se les decía mezclaran lagartijas con resina, y mirra, revuelto todo esto al aire libre y en luna llena. Muchas curaciones se reportaron utilizando estos grotescos procedimientos.

Es obvio que tales extraños procedimientos mencionados en los casos anteriores, eran favorecidos por la sugestión y aceptados por la mente subconsciente de estas personas, lo que se constituía en una poderosa arma para la imaginación. De hecho, en estas curaciones, la mente subconsciente de cada persona era el curandero que operaba estas acciones.

En todas las épocas los curanderos han obtenido resultados magníficos en casos en los cuales las autoridades médicas han fallado. Esto hace que la gente piense con respecto de los poderes de curanderos, magos, yerbateros, etc. Cómo es que en todas las partes del mundo estos individuos hacen curaciones? La respuesta a todas las curaciones se debe a la creencia ciega de la persona enferma que libera el poder curativo de su mente subconsciente. Muchos de los remedios y métodos empleados eran bastante extraños y fantásticos y en ocasiones excitaban tanto la imaginación de los pacientes que les producía un estado emocional exaltado. En este ánimo se facilitaba la sugestión de la salud siendo aceptada por el consciente y por el subconsciente del enfermo. En el siguiente capítulo informaremos un poco más en este sentido.

. RECUENTOS BIBLICOS ACERCA DEL USO DE LOS . PODERES SUBCONSCIENTES

"*Lo que usted desee, cuando ora creyendo que lo recibe, y usted lo recibirá*". Marcos II:24. Observe la diferencia en los tiempos gramaticales empleados. El escritor inspirado nos dice que debemos creer y aceptar como ciertos los hechos de que nuestro deseo se ha cumplido ya en su totalidad y que su realización seguirá como un hecho en el futuro inmediato. El éxito de esta técnica depende de la convicción de que el pensamiento, la idea, es ya un hecho en la mente. Para que algo tenga sustancia en la mente, se debe pensar en ello como si en realidad existiera allí.

Aquí, una pocas palabras constituyen la direccional específica y concisa para hacer uso del poder creativo de los pensamientos gracias a la impresión que ellos hacen en la mente subconsciente.

Sus pensamientos, sus ideas, planes, propósitos, son tan reales como su mano o su corazón. Siguiendo la técnica bíblica deben eliminarse todas las contingencias adversas. Usted debe plantar la semilla o el concepto, en la mente, el cual si usted no lo cambia germinará infaliblemente en frutos externos.

La primera condición en la cual Jesús insistía era en la fe: "De acuerdo con tu fe así recibirás". Si usted siembra ciertas semillas en la tierra, es porque tiene fe en su desarrollo como debe ser. Confiando en las leyes de la agricultura sabemos que de las semillas plantadas crecerán las plantas correspondientes.

La fe es una manera de pensar, una actitud de la mente, una certeza interna, sabiendo que la idea que usted acepta de manera total en su mente consciente crecerá envuelta en su mente subconsciente y hecha manifiesta. La fe es, en cierto sentido, aceptar como verdadero aquello que no vemos o aquello que la razón y los sentidos pueden negar.

Un ejemplo clásico de la Biblia lo tenemos en San Mateo 9:28-30. *"Y cuando él entró en la casa el ciego se aproximó: y Jesús les dijo, creeis que yo soy capaz de hacer esto? . Ellos le dijeron, Sí, Señor, Entonces tocó sus ojos diciendo, de acuerdo a tu fe así sea en tí; y sus ojos vieron; y Jesús les recomendó especialmente, que ningún hombre lo sepa".*

En las palabras de Jesús: *"De acuerdo con tu fe así sea en tí"*, usted se da cuenta que Jesús estaba llamando a los poderes de la mente subconsciente del hombre ciego, al tratar de hacerle ver. Su fe era su gran expectación, su sentimiento interno, su convicción interna que algo milagroso iba a ocurrir y que sus plegarias serían contestadas y así fue. Esta es una técnica a la cual se le ha dado crédito desde hace muchísimo tiempo, muy utilizada para curar inclusive por numerosos grupos que curan en el mundo cualquiera que sea su religión.

En las palabras "que ningún hombre lo sepa", dichas al ciego recién curado se comprende que no debían contarlo a nadie, evitando así exponerse a las críticas escépticas de los no creyentes porque equivaldría a deshacer los beneficios recibidos.

. MILAGROS EN VARIOS TEMPLOS A LO LARGO DEL MUNDO

Célebres casos de curación milagrosa se han efectuado en todo el mundo, especialmente en Japón, India, Europa y América. En el Japón visité el famoso templo llamado Diabutsu, donde existe una estatua gigantesca de Buda sentado, fundida en bronce, con las manos cruzadas, la cabeza inclinada en una actitud de profundo éxtasis contemplativo. Tiene 14 metros de altura; se la llama el Gran Buda. Ante ella jóvenes y viejos hacían ofrendas de dinero, frutas, arroz, naranjas; prendían cirios, quemaban incienso y rezaban oraciones de petición.

El guía explicaba el canto de una jovencita; mientras ella rezaba, colocaba dos naranjas como ofrenda y prendió un cirio; el guía explicó que la joven había perdido la voz y como la había recuperado en este templo, estaba agradeciendo a Buda por haberla recobrado. Simplemente tenía fe en que Buda le devolvería su bella voz para cantar, si ella seguía ciertos rituales, ayunaba y hacía ciertas ofrendas, todo lo cual encendía su fe y su expectación produciéndose el apropiado condicionamiento de su mente hasta llegar a la cúspide de la creencia absoluta. Su mente subconsciente respondió a esa creencia.

Para demostrar aún más el poder de la imaginación y la creencia ciega, relataré el caso de un pariente enfermo de tuberculosis.

Sus pulmones estaban destrozados. Su hijo decidió curarle. Se encaminó a la casa de su padre al oeste de Australia, diciéndole que había conocido a un monje quien acababa de regresar de un templo curativo de Europa. Le dijo a su padre que este monje tenía un pequeño trocito de la cruz de Cristo y se la había comprado por 500 dólares. Este joven simplemente había tomado un trozo de madera corriente y la había hecho montar en un anillo, diciéndole a su padre que muchos habían sido curados por el solo hecho de tocar el anillo donde estaba engarzado el trocito de la cruz. Avivó la llama de la esperanza en la imaginación de su padre, hasta el punto que el viejo tomó el anillo, lo colocó sobre su pecho y empezó a orar silenciosamente, yéndose a dormir. A la mañana siguiente había iniciado su proceso de autocuración. Posteriormente los tests clínicos mostraron la evidencia de su mejoría.

Usted sabe, desde luego, que no fue el pedazo de madera lo que hizo el milagro, fue la imaginación del padre en un grado muy intenso, además de un deseo de curación muy profundo, de curación perfecta. La imaginación se unió a su gran fe, a un sentimiento subjetivo: La unión de los dos, trajo la curación. El padre nunca supo este pequeño engaño que le había hecho su hijo, pues de haberlo sabido probablemente hubiera recaído. A partir de esta mágica curación, no volvió a sufrir de tuberculosis, viviendo quince años más hasta la edad de 89 años.

. UN PRINCIPIO DE CURACION UNIVERSAL

Todas las escuelas de curación del mundo tienen casos de curaciones fantásticas. La explicación del fenómeno está basada en un principio común, la mente subconsciente; y el proceso de curación es la fé. Es importante ahora recordar una vez más las siguientes realidades fundamentales:

1. Que usted posee funciones mentales que han sido distinguidas como la mente consciente y la mente subconsciente.
2. Su subconsciente siempre es susceptible al poder de la sugestión. Más aún, su mente subconsciente tiene un completo control de sus funciones, condiciones y sensaciones de su cuerpo.
3. Yo me aventuro a creer que todos los lectores de este libro se han familiarizado con el hecho de que los síntomas de casi todas

las enfermedades pueden ser inducidos por hipnosis, sugestión o sugestión hipnótica.

Por ejemplo, un sujeto bajo el estado de hipnosis puede desarrollar altas fiebres, puede palidecer o sonrojarse, o pueden darle temblores, de acuerdo con la naturaleza de la sugestión requerida. Como experimento usted puede sugestionar a una persona que está paralizada y no puede caminar y así ocurrirá. Otra prueba: Coloque una taza con agua fría debajo de la nariz de un sujeto hipnotizado y dígale que es pimienta y que la huela. Inmediatamente estornudará.

Un hombre le dice que es alérigico a cierta yerba; colóquele una flor sintética de esta yerba o un vaso vacío enfrente de su nariz. Cuando esté bajo hipnósis, dígale que esa es la yerba que le produce alergia y le hace estornudar; inmediatamente desarrollará los síntomas alérgicos. Esto indica que la causa de la enfermedad está en la mente; la curación de estas enfermedades puede tomar lugar mentalmente también. Usted se da cuenta de las curaciones maravillosas que se hacen a través de la osteopatía, la medicina quiropráctica, la homeopatía y la medicina natural. Así como también de los sistemas utilizados por las diversas religiones en el mundo entero, pero es obvio que todas ellas se realizan por medio de la mente subconsciente.

Ciertas enfermedades no pueden ser curadas solamente por el poder del subconsciente puesto que no están afectadas por los poderes de la misma, pero cierto es que la mayoría de las enfermedades se agravan por influencias negativas que la mente consciente obra sobre la mente subconsciente y mejoran por el proceso inverso de la influencia positiva.

Dése cuenta cómo se cura una herida que usted se ocasiona al afeitarse: se cura sola. El médico tapa la herida y dice: la naturaleza la curará. Por naturaleza indica la ley natural, la ley de la mente subconsciente, o el instinto de preservación que es la función de la mente subconsciente.

El instinto de autopreservación es la primera ley de la naturaleza. Su instinto más fuerte es el más potente de todas las autosugestiones.

. TEORIAS ENORMEMENTE DIFERENTES

Sería tedioso y probablemente no nos conduciría a nada el discutir largamente las numerosas teorías que existen en las diferentes sectas religiosas y grupos de terapia religiosa. Existe un gran número que claman que debido a sus específicas teorías, los resultados son mejores. Esto como se explica en este capítulo, no es verdad.

Franz Anton Mesmer, médico austriaco (1734-1815) que practicaba en París, aplicando los imanes al cuerpo enfermo, con lo que curaba milagrosamente, realizó curaciones mediante piezas de metal o de vidrio; pero no quiso continuar utilizándolos declarando que tales curaciones se debían al "magnetismo animal", alegando que esa "sustancia" era proyectada por el médico al paciente. El nombre de Mesmer y su método en el tratamiento de enfermedades incluyendo el hipnotismo, se divulgaron por todo el mundo habiendo tomado el nombre de Mesmerismo.

Muchos médicos afirmaban que el método de Mesmer era puro hipnotismo y no otra cosa.

Aquellos grupos de médicos, siquiatras, osteópatas, quiropodistas y practicantes así como los sucesores de hoy y las diferentes iglesias, están aplicando el mismo poder de la mente subconsciente.

El proceso de toda curación positiva, actitud mental, actitud interna o senda del pensamiento en definitiva se llama fé.

La curación es debida a la confianza que actúa como poderosa sugestión sobre la mente subconsciente liberando su poder de curación.

Un hombre no se cura de una manera diferente a otro. Es cierto que cada cual puede tener su método y manera de curar. Pero sólo hay un proceso en la curación: la fe. Sólo hay un medio de curación: su mente subconsciente.

Elija la teoría y método que usted prefiera; tenga la seguridad y si tiene fé, obtendrá los resultados deseados.

. BREVE SINTESIS SOBRE PARACELSUS

Philippus Paracelsus, alquimista y médico suizo famoso (1493-1541) fue un gran curandero en sus tiempos quien sentó el siguiente principio básico:

> *"Sea el objetivo de su fe,*
> *real o falso, el resultado*
> *obtenido será siempre el mismo".*

Si yo creo en San Pedro obtendré el mismo resultado que si creo en la estatua de San Pedro. Pero esto es superstición. La fe, sin embargo produce milagros; y sea verdadera o falsa dicha fe, siempre producirá resultados maravillosos.

Los puntos de vista de Paracelsus fueron sostenidos también por uno de sus seguidores Pietro Pomponazzi, un italiano del siglo XVI, filósofo, quien decía: "Fácilmente podemos concebir los maravillosos efectos que la confianza y la imaginación pueden producir especialmente cuando hay reciprocidad entre el asunto o problema y la persona que lo influye. Las curaciones atribuídas a la influencia de ciertas reliquias son el efecto de su imaginación y confianza en sí mismo. Curanderos y filósofos saben que si se sustituyen los huesos de un santo, por otros cualesquiera, o el esqueleto mismo, los feligreses que van en busca de curación milagrosa obtendrán los mismos resultados que con las verdaderas reliquias del santo".

Tanto si usted cree en los poderes milagrosos de un santo, como en los efectos curativos de ciertas aguas, conseguirá los mismos resultados por la poderosa sugestión dada a su mente subconsciente. Esto último es lo que cura.

. EXPERIMENTOS DE BERNHEIM

Hipólito Bernheim, profesor francés de medicina en Nancy (1910-1919) expuso el mecanismo de la sugestión ejercida sobre el enfermo, por el médico a través de la mente subconsciente.

Bernheim publicó su libro titulado "Terapéutica de Sugestión". En la página 197 refiere el caso de un hombre con parálisis en la lengua, cuya afección no cedió a ningún tratamiento.

Su médico le informó que había conseguido un nuevo instrumento con el cual le prometía curarle. En realidad, introdujo un termómetro de bolsillo dentro de la boca del enfermo quien mostró gran admiración por tal instrumento que venía a salvarle.

En unos momentos gritó, movió la lengua con toda libertad, lleno de júbilo.

Podríamos citar varios casos, añade Bernheim:

Una jovencita vino a mi consultorio buscando recuperar la voz perdida hacía unas cuatro semanas. Después de examinarla y hacer mi diagnóstico, dije a mis alumnos estudiantes que se puede recuperar la voz perdida mediante corrientes eléctricas lo cual ejerce gran influencia sugestiva en el paciente. Mandé a buscar aparatos de inducción, apliqué mi mano encima de la laringe haciendo un pequeño movimiento y le dije, "ahora podrá hablar en voz alta". En un instante le hice pronunciar "a" después "b", luego "María" y continuó hablando indistintamente; su mudez había desaparecido.

Con este ejemplo demuestra Bernheim el poder de la fé; ayudada con la expectación del paciente se forma un poder que actúa por sugestión a través de la mente subconsciente.

. PRODUCIENDO UNA AMPOLLA POR SUGESTION

Bernheim llegó a producir una ampolla en la espalda de un paciente por el mero hecho de aplicarle un sello de correos y sugestionándole que era ungüento atrapa-moscas. Este hecho ha sido confirmado según experimentos realizados por otros médicos en diferentes países, lo cual no deja duda de que el cambio estructural es un posible resultado de la sugestión de los pacientes por la palabra, o convencimiento verbal.

. LA CAUSA DEL ESTIGMA DE SANGRE

En el libro de Hudson, "Law of Psychic Phenomena" (La ley del Fenómeno Psíquico) página 153, dice: "Hemorragias y estigmas de sangre pueden ser inducidas en ciertos sujetos por medio de la sugestión. El Dr. M. Bourru puso bajo estado sonámbulo a cierta persona sugestionándole así: "A las cuatro de esta tarde, después de la hipnosis usted vendrá a mi consultorio y se sentará en mi sillón cruzando sus brazos sobre su pecho y su nariz empezará a sangrar". A la hora indicada el joven hizo lo ordenado; varias gotas de sangre salieron de sus fosas nasales.

En otra ocasión, el mismo médico trazó el nombre del paciente en ambos antebrazos con un instrumento puntiagudo. Y cuando estaba sonámbulo le dijo: "A las cuatro de esta tarde usted se irá a dormir y sus brazos sangrarán por las líneas marcadas que yo he trazado apareciendo el nombre suyo en letras de sangre". Tal como le ordenó a las cuatro se fué a dormir; de su brazo izquierdo manaba sangre por las letras marcadas con un punzón y en varias partes aparecieron gotas de sangre. Las letras eran bien visibles; tres meses después desaparecieron gradualmente en varios días.

Estos hechos demuestran la posición de dos correctas actitudes. La constante docilidad de la mente subconsciente ante el poder de sugestión y el control perfecto ejercido por la mente subconsciente por encima de otras funciones, sensaciones, y condiciones del cuerpo.

. REPASO SOBRE PUNTOS DE CURACION

1, Recuerde usted mismo frecuentemente que el poder curativo está en su mente subconsciente.

2. Sepa que la fe es como la semilla sembrada en la tierra; crece después según su clase. Siempre pues la idea (semilla) en su mente, riéguela y fertilícela con expectativa favorable y deseo manifiesto.
3. La idea que usted tenga para un libro, un nuevo invento y lo que quiera hacer, manifiéstelo, conviértalo en realidad.
4. Cuando rece por otra persona, tenga presente que su sabiduría interior puede modificar los moldes negativos en la mente de otros con resultados estupendos.
5. Las curaciones milagrosas que usted haya oído sobre varios relicarios son debidas a la imaginación y a la fe ciega que actúa en la mente subconsciente, liberando el poder de curar.
6. Toda enfermedad se origina en la mente; nada aparece en el cuerpo que no haya sido concebido por la mente.
7 Los síntomas de casi todas las enfermedades pueden ser inducidos por sugestión hipnótica. Esto demuestra el poder de su pensamiento.
8. Solo hay un proceso de curación y es la fe. Sólo hay un poder curativo: Su mente subconsciente.
9. Sea el objeto de su fe real o falso, usted obtendrá el resultado. Su mente subconsciente responde a su pensamiento. Mire por encima de la fé como un pensamiento en su mente y ésto le bastará.

Curaciones mentales en la actualidad

5

¿Qué es lo que cura?

¿Dónde está el poder curativo?

Nos hacemos estas preguntas porque todos nosotros estamos interesados en suprimir molestias corporales y demás problemas internos.

El poder curativo está en la mente subconsciente de cada persona; un cambio en nuestra actitud mental hacia la parte enferma movilizará este *Poder;* conocido también como Naturaleza, Vida, Dios, Inteligencia Creadora ó Poder Subconsciente.

Este poder se encuentra en la mente subconsciente; puede curar dolencias mentales y corporales si sabe dirigir ese poder correctamente. Otra persona puede hacerlo también en beneficio suyo pero de nada sirve si usted no quiere obtener la curación del mal.

Actúa en todas las personas cualquiera sea su credo, color o raza. No es necesario pertenecer a una iglesia, secta' ó ideología determinada para obtener este poder o participar de sus fuerzas curativas; curará la quemadura o herida de la mano, curará tanto si usted es católico, ateo o agnóstico. Ningún médico, cirujano o iniciado en las ciencias mentales ha proclamado "ser él quien curó al paciente", puesto que generalmente no lo cura. Un antiguo refrán dice: "El médico cuida las heridas, mientras la naturaleza las cura". (1). Veamos: el psicólogo o psiquiatra trata de eliminar el obstáculo mental del paciente; en la misma forma el cirujano, al eliminar el obstáculo del cuerpo normaliza el funcionamiento de la corriente curativa.

---

(1) Un médico famoso decía: El médico no cura; conduce la enfermedad. (N. del E.)

Como dije antes, se utilizan diferentes métodos para eliminar los obstáculos mentales, emocionales o físicos, que impiden el flujo curativo que nos anima a todos.

Entre estos métodos citemos la oración o plegarias curativas, medio utilizado por personas ya entrenadas en los mecanismos de la ciencia mental. Se basan en el principio de interacción que existe entre la Inteligencia Infinita y el Poder de la mente subconsciente, el cual responde de acuerdo a las convicciones de la persona interesada. El significado es: "creer en el recibir y se recibirá". Para obtener los efectos deseados deben imaginarlos y sentirlo una realidad, esperen que el principio vital infinito responda a su petición consciente. Para obtener mejores resultados siga este precepto: "aislarse de todo ruido, en un cuarto oscuro, cierre la puerta". En otras palabras: "Cierre la puerta de su mente para abstraerse de todas las distracciones y envenenamientos mentales producidos por la radio, T.V., prensa ó campañas políticas del mundo exterior; relajarse sosegada y concienzudamente; vendrá la inspiración; despliegue su deseo o petición transportándolo a su mente subconsciente; continúe hasta sentir dentro de sí. la infinita presencia curativa hasta quedar convencido que su mente responderá de acuerdo a su específica necesidad, o al objeto deseado.

. PROCESO CURATIVO UNICO

Hay uno y solamente un principio curativo universal que opera sobre todos y todas las cosas: gato, perro, árbol, hierba– manteniéndolos vivos.

Este principio vital actúa en el reino animal, vegetal o mineral no sólo como principio, sino como estímulo y crecimiento.

El hombre advierte conscientemente este principio vital y puede conscientemente manejarlo en su propio provecho utilizando diferentes métodos.

Hay varios sistemas, técnicas y métodos para utilizar el poder interno pero sólo hay un camino para la curación. Es la fe o convicción; sólo "de acuerdo con su fe o convicción actuará dentro de usted el único poder curativo".

. EL PRECEPTO DE LA CONVICCION

¿Qué es lo que le hace creer a usted en sí mismo, en la vida y en el universo?

Es la Fe, estimulada dentro de nuestro ser cuando estamos convencidos de algo.

Todas las religiones del mundo representan una forma de fé y están basadas en la fé, explicándola cada cual a su manera. Compruebe usted en los libros sagrados, al tratar sobre un hombre, fórmula ritual, ceremonia, forma, institución siempre orientan a creer en sí mismo.

"Todas las cosas son posibles para aquel que cree". Por lo tanto, la ley vital es creer, tener fe, estar convencido."

La fe de su mente es el simple pensamiento que en ella se produce. Creer es un pensamiento; es una imagen mental que condiciona su fuerza subconsciente, la cual se distribuye en todas las fases de su vida.

De acuerdo con sus hábitos mentales todas sus experiencias, todas sus acciones, todos los sucesos y circunstancias de su vida, serán reflejo y reacción de su propia mente.

Es una locura creer que algo lastima o hace daño. Recuerde, no es la cosa creída la que lastima o daña, sino su creencia equivocada o pensamientos enfermizos de su mente los que producen los resultados nocivos.

. TERAPIA POR LA ORACION

Se la llama también: plegaria, oración o súplica curativa, terapéutica mental, tratamiento mental o plegaria científica.

Es la interacción de la mente consciente y subconsciente; esto es: la acción sincronizada, armoniosa e inteligente de los niveles mentales, consciente y subconsciente, dirigidos específicamente hacia un propósito concreto y definido.

Repito: La terapia científica es una acción mental conjunta definida y dirigida hacia un propósito específico.

Pero téngalo bien presente: este método exige que usted sepa lo que está haciendo, por qué lo está haciendo y qué consecuencias tiene si lo hace.

Confíe, tenga fe en el poder curativo. Escoja conscientemente una cierta verdad, una imagen o un plan mental deseado, usted lo visualiza; lo reproduce mentalmente hasta la saciedad, lo formula en los términos adecuados, acondicionándolos, y luego lo traspasa a su subconsciente convencido de la realidad del fin perseguido. Cuando su actitud mental ha sido convincente, llena de fé, su plegaria tendrá éxito y llegará la respuesta. Mientras hace la plegaria, según el procedimiento ya mencionado, debe descartar totalmente cualquier idea negativa sin dudar un solo instante y de este modo obtendrá el objetivo perseguido. Esta actitud facilitará la unión de los niveles, consciente y subconsciente, liberando el poder curativo con armonía.

Supongamos que decide usted eliminar ciertas dificultades, por medio de la terapia mental, conociendo de antemano cuál es la dificultad o malestar que le agobia. Haga una imagen mental de ella, de esta dificultad, eliminando las circunstancias y pensamientos negativos que la producen; formule su petición, recordando que dentro de usted se halla la inteligencia e Infinito poder capacitado para curar a su subconsciente que movilizará el poder curativo. Si usted cree en los resultados, sus temores desaparecerán y una vez haya reunido estas convicciones destruirá cualquier creencia errónea mal formada por usted.

De gracias por la mejoría que va a llegar y no piense en la dificultad hasta que se sienta guiado, después de un intervalo, ore otra vez. Mientras esté rezando rehuse formalmente prestarle atención a las condiciones negativas y no admita ni por un instante que la curación no llegará. Esta actitud trae una unión armoniosa de las mentes consciente y subconsciente que libera el poder de curación.

Fe curativa: que significa. Fe ciega; como trabaja.

Cualquier método que produzca en el paciente una honesta convicción, producirá la eliminación del temor y preocupaciones, convirtiéndolas en fé y esperanza condicionando la curación.

Así, el médico vudú de Suráfrica u otra parte del mundo cura por sus encantamientos. Otras personas se curan con solo tocar reliquias (huesos de santo, etc.)

La fe conocida generalmente como fe curativa implica el conocimiento de la interacción de las mentes consciente y subconsciente.

El curador por fe, es aquel que cura sin tener una comprensión absoluta o conocimiento científico real y exacto de las facultades y fuerzas comprometidas. Proclaman poseer un don curativo especial y la persona enferma cree ciegamente en que él o sus poderes, la curarán.

Ilustramos cómo trabaja la fe ciega, recordando nuestra discusión sobre el médico suizo Franz Anton Mesmer. En 1776 proclamó las curaciones obtenidas cuando hacía "pases" con imanes artificiales sobre el cuerpo de la persona enferma. Posteriormente abandonó los imanes y desarrolló su conocida teoría del magnetismo animal, sosteniendo que ésta era un fluído esparcido en el universo, pero se mostraba más activo en el organismo humano. Decía que este fluído saliendo de él hacia sus pacientes los curaba. Fueron muchas las personas que acudieron a él y muchas las curaciones notables que obtuvo. Se instaló en París y durante su estadía, el Gobierno Francés nombró una comisión investigadora, formada por médicos y miembros de la

Academia de Ciencia, entre los cuales se encontraba Benjamín Franklin. El informe admitió los hechos proclamados por Mesmer, pero afirmaba la ausencia de evidencias que probaran la certeza de su teoría del fluído magnético y dictaminaron las curaciones como efectos causados por la imaginación de los pacientes. Poco después fue exilado, muriendo en 1815.

Poco tiempo después, apareció el doctor Braid, de Manchester; intentando demostrar cómo el fluído magnético nada tenía que ver con las curaciones producidas por el doctor Mesmer. Descubrió que los pacientes eran llevados al sueño hipnótico por sugestión, en el cual pueden producirse los fenómenos bien conocidos y atribuídos al magnetismo de Mesmer.

En resumen, puede observarse que todas las curaciones fueron reales, pero producidas por la activa imaginación de los pacientes que al unirse impulsaban una poderosísima sugestión curativa a sus mentes subconscientes. Todo esto puede deducirse como producto de la fe ciega, puesto que no había en aquellos días, un perfecto y total conocimiento de cómo se producían las curaciones.

Aún hoy, muchas personas proclaman que su teoría individual produce resultados, siendo por lo tanto correcta. Conocen por qué se producen los resultados? Como ya lo explicamos, puede ser un resultado aparente y no siempre duradero.

. CUAL ES EL SIGNIFICADO DE LA FE SUBJETIVA

La fe necesitada en las curaciones mentales es una fé puramente subjetiva, asequible al eliminar la oposición activa presentada por la mente objetiva o consciente.

Recordemos cómo la mente subjetiva o subconsciente de una persona puede someterse al control tanto de su propia mente objetiva o consciente como a las sugestiones de otra. Cualquiera que sea su objetivo, si usted sostiene una convicción ya sea activa o pasiva, su mente subconsciente será controlada por la sugestión y facilitará que su deseo se vea cumplido.

En las curaciones del organismo conviene garantizar la interacción (acción conjunta) convincente de ambas mentes, la consciente y la subconsciente. No siempre es necesario, proceder así mientras usted pueda relajarse mental y corporalmente y consigue relajarse hasta hallarse en un estado pasivo receptivo, de sopor o somnolencia. En este estado de sopor feliz su pasividad se vuelve receptiva y capta las impresiones subjetivas, de gran beneficio para usted mismo.

Recientemente un hombre se expresó así: "Un sacerdote prometió curarme. No creí en las cosas que dijo, hablándome sobre la no existencia de enfermedades o cuando mantenía la no existencia de la materia".

Lo primero en este hombre fue sentir su inteligencia insultada y protestó contra tales absurdos. Pero se fue apaciguando por confortantes palabras que producían su efecto, llevándole a una condición totalmente pasiva, hasta el extremo de no decir nada ni pensar en nada sobre lo sucedido. Su sacerdote también adoptó una posición pasiva; se mantuvo sosegado, pacífico y durante media hora estimuló la imagen de que este hombre tenía salud perfecta, paz, armonía e integridad física. En efecto, llegó a sentir una inmensa satisfacción y se restauró la salud de aquel individuo.

¿Qué sucedió? Que la fe subjetiva se manifestó con ayuda del estado pasivo condicionado durante el tratamiento, y las sugestiones de perfecta salud dadas por el sacerdote fueron transportadas a su mente subconsciente. En este instante ambas mentes subjetivas entraron en contacto estableciéndose la relación íntima directa. Porque no hubo obstaculización ni autosugestiones antagónicas causadas por la duda contra el poder curativo en beneficio del paciente. En este estado somnoliento o letárgico, la resistencia de la mente subconsciente del paciente queda condicionada por tales sugestiones, ejecutando sus funciones de acuerdo a éstas y producirá el estado curativo.

SIGNIFICADO DEL TRATAMIENTO A DISTANCIA

Para obtener los fenómenos basados en el principio mental, no existe el tiempo ni la distancia, razón por la cual se establece el tratamiento a distancia como si el paciente estuviera presente.

"Es el Padre que hay dentro de cada cual quien hace el trabajo". Es la mente subconsciente principio curativo de la mente, quien hace el servicio y el trabajo; es la misma mente que actúa a través de todas las cosas, sin importar dónde se halle.

El tratamiento a distancia tiene como propósito inducir la convicción propia de salud y armonía en otra persona. No habiendo sino una mente subconsciente, esta inducción se efectúa al traspasar su convicción curativa a la mente subconsciente de la persona ausente. En efecto, establecidos los pensamientos de salud, vitalidad y perfección se traspasan a la mente subjetiva universal, enviándolos hacia la persona enferma; al hacer el traspaso, su acción es automática y pone en movimiento la ley curativa dentro de la mente subjetiva del ausente.

No olvide: El tratamiento a distancia es un movimiento consciente de traslación de una imagen mental, efectuado una vez que el "transmisor" se ha hecho consciente de las cualidades de salud, bienestar, relajación deseadas para el "receptor". No trate de hacer ningún esfuerzo al enviarlo o traspasarlo, ni sostenga forzadamente su cuadro mental. Enviadas las ondas subconscientes hacia la persona enferma, ésta los recibirá y resurgirán en ella produciendo el resultado apetecido.

La siguiente narración es un ejemplo palpable de lo que llamamos "tratamiento a distancia".

Una joven asidua oyente de nuestro programa radial, tuvo noticias de la grave enfermedad que padecía su madre. Ella vivía en los Angeles, California, y su madre en New York; padecía una trombosis coronaria. Aunque su madre no estaba de cuerpo presente, oró diciendo: "El principio curativo está también presente donde se encuentra mi madre, su actual condición corporal no es sino un reflejo de sus pensamientos tan vivos como las imágenes proyectadas en la pantalla debo cambiar la cinta (película) que las proyecta. Mi mente es una cinta de proyección y en este instante proyectaré las imágenes de bienestar, armonía y salud perfecta que mi madre necesita. El poder curativo que ahora he creado es omnipresente y tengo la seguridad que en este momento la está saturando, traspasando todos y cada uno de los átomos de su ser, como un río de salud recorre cada una de las células de su cuerpo. Los médicos que la asisten, dirigidos por lo divino, mientras la toquen serán guiados para actuar en la forma correcta. Estoy convencida que el mal no tiene realidad infinita, si así fuera, nadie podría curarse. Yo misma estoy en contacto con el principio de salud y vida; creo y ordeno que esta armonía, salud y paz se expresen dentro de mi madre, capacitándola para su curación". Oró y suplicó, en esta misma forma, varias veces al día; su madre tuvo una recuperación asombrosa al cabo de los pocos días, tanto, que admiró al especialista que la atendía. El sirvió de instrumento al convencimiento que ella tenía en el poder curativo.

El resultado apetecido condicionado en la mente de la hija puso la ley creadora de la mente subconsciente en movimiento hacia el lado subjetivo de la vida, manifestándose por sí misma a través del cuerpo de su madre, produciendo salud y armonía perfecta. Lo que sintió la hija como una verdad hacia su madre, surgió simultáneamente en el cuerpo de ésta, y condicionó su curación.

. LIBERACION DE LA ACCION DINAMICA DE LA MENTE SUBCONSCIENTE

Un sicólogo, amigo mío, me demostró la curación que sobre sí obtuvo. Estuvo enfermo de un pulmón. Radiografías y análisis acusaban tuberculosis: Me dijo: "Cada noche, antes de dormirme, afirmamaba con gran convicción así: Todas y cada una de mis células, tejidos, músculos y nervios de mis pulmones, se están rehaciendo totalmente en este instante; quedarán sanos y perfectos. Todo mi cuerpo está siendo restaurado, llenándose de salud y armonía". En un mes escaso obtuvo la curación; las radiografías y análisis subsiguientes así lo demostraban.

Quise enterarme de cuál había sido el sistema por él empleado y le pregunté sólo por qué repetía la súplica antes de dormir. Me contestó: "La acción dinámica (movimiento) de la mente subconsciente continúa y es mayor durante el sueño; luego puede darse a la mente subconsciente un buen trabajo mientras usted cae en la somnolencia y ella lo ejecutará". Respuesta muy sabia; al pensar en la armonía y salud perfecta se abstuvo de mencionar por su nombre el mal que lo consumía.

Le sugiero comedidamente que deje usted de hablar de sus males; la única forma de alimentarlos y darles vida es prestándoles atención y sintiendo miedo de ellos. Como el sicólogo antes mencionado, sea su propio cirujano mental y así sus malestares se pueden eliminar tal como lo son las ramas muertas de los árboles.

Nombrando constantemente sus males y síntomas impide la acción dinámica curativa, es decir: la liberación del poder y energía curativa encerradas en su mente subconsciente. Además, por el principio de su propia mente, estas imágenes tienden a tomar forma, "Como aquello que tanto se teme".

Llene su mente con la gran verdad vital y avance con luminosa alegría.

. RESUMEN DE LOS PUNTOS SOBRESALIENTES

1. Para hallar lo que le cura, procure sentir como una realidad, que las sugerencias dadas a su mente subconsciente le curarán el cuerpo y la mente.

2. Desarrollar un plan bien definido para traspasarlo o transportarlo a su subconsciente.
3. Visualizar el fin deseado, sentirlo una realidad. Retenerlo y seguirlo hasta obtener el resultado apetecido.
4. De una vez por todas aprenda que la fe es una imagen a su mente y que lo que usted piense se realizará.
5. Es una tontería creer en enfermedades o en algo que lo dañe o hiera.

   Crea en la salud perfecta, prosperidad, paz, bienestar y guía divina.
6. Los grandes y nobles pensamientos con los cuales usted conviva, se convertirán en hechos.
7. Aplique el poder de la oración curativa. Escoja un cierto plan, idea o imagen mental; únase mental y emocionalmente a ella y mientras esté convencido de tal actitud, su plegaria recibirá respuesta.
8. Recuerde siempre: Si usted desea obtener realmente el poder curativo, puede conseguirlo por medio de la fe (convicción); esto implica una comprensión o conocimiento del trabajo conjunto que produzcan su mente consciente y subconsciente. La fe llega con el convencimiento.
9. Fé ciega quiere decir que una persona puede obtener resultados curativos sin comprender o tener conocimiento científico del poder de las fuerzas implicadas.
10. Aprenda a orar por los seres queridos que necesitan su ayuda por estar enfermos. Aquiete su mente, y sus pensamientos de salud, vitalidad y perfección; traspáselos para que actúen a través de la única mente subjetiva universal y ésto será sentido en la mente de la persona amada.

Técnicas prácticas de curación mental

6

Nuestro mundo se rige por unas leyes de principios y de orden; nada sucede por casualidad.

En este capítulo hallará usted técnicas prácticas para desplegar y educar su vida espiritual.

Un ingeniero posee una técnica sistemática o proceso por el cual puede diseñar y construir una máquina o un puente. Todos los pasos seguidos son primordiales. Cuando se construyó el puente Golden Gate, en California, el ingeniero jefe estudió los principios matemáticos, esfuerzos y fatigas que estaban implicados en la construcción; a su vez, tenía la imagen mental del puente que atravesaría la bahía; finalmente aplicó los métodos de ensayo y comprobación, teniéndolos en cuenta hasta formar y construir el puente.

La mente tiene también sus leyes, principios y técnicas primordiales para gobernar, controlar y dirigir la vida.

Hemos comprobado que una oración o plegaria provoca una respuesta; es decir, hay algo que condiciona la respuesta. La forma o sistema que la condiciona merece estudiar o analizar la plegaria y así descubriremos otras muchas técnicas, métodos o sistemas de hacerlas. No nos referimos a la plegaria usada en los servicios religiosos, aunque tiene su importancia entre el culto. Consideramos la llamada "plegaria científica" o "plegaria personal", la plegaria individual como la debe utilizar el hombre en su vida diaria, para sí o para ayudar a los demás.

La plegaria personal o científica formula una idea o un propósito definido que deseamos llevar a cabo; consiste en dirigir un ruego o súplica ferviente, relacionada con algo que queremos suceda. La plegaria se convierte entonces en el deseo sincero de la mente; deseo que nace en las necesidades más profundas y revela lo que usted quiere en la vida.

Un deseo suyo es una plegaria.

La frase: "Bienaventurados los que tienen hambre y sed de justicia, porque ellos serán saciados", es realmente una plegaria donde se habla del hambre por la vida y la sed por la paz, armonía, salud, alegría y demás bendiciones que pueden obtenerse durante la vida.

. LA TECNICA DEL TRASLADO PARA IMPRESIONAR EL SUBCONSCIENTE

Consiste en condicionar la mente subconsciente para que recoja la petición enviada por la mente consciente. El traslado o "transporte" se hace con mayor éxito en el estado de ensueño.

Ya sabemos que en la profundidad de la mente está la Inteligencia y el Poder Infinito, por lo tanto, sosegando su mente escoja el pensamiento deseado y véalo avanzar con alegría desde ese instante.

Sea como aquella niña que teniendo una tos muy fuerte y una garganta adolorida, rogaba firme y constantemente; "se está disipando ahora, ya se disipó" y se curó en una hora escasa.

Use esta técnica sencilla y eficaz.

. EL SUBCONSCIENTE ACEPTA SU PLAN

Si fuera a construir una casa para usted y su familia, sin lugar a dudas querrá conocer los planos, verá la casa tal como los constructores elaboraron los planos y querrá seleccionar los mejores materiales para ser utilizados.

¿Qué diremos de su casa mental y de los planos mentales para su felicidad y abundancia?

Todas sus experiencias y cada una de las cosas que penetran en su vida dependen de la naturaleza del ladrillo con que construye su casa mental.

La actividad más fundamental y la más distante de la vida es la que usted construye dentro de sí cada hora de vigilia. Su pensamiento e imaginación representan los planos de esa majestuosa mansión, la construcción lo mantiene eternamente ocupado, es su personalidad e historia de su vida en este planeta.

Hora tras hora, minuto tras minuto, está usted construyendo su hogar mental.

La obra de su mente es silenciosa, invisible; no obstante es real.

Cuando su plano es un modelo lleno de miedo, preocupación, ansiedad o necesidad, se mantendrá desalentado, lleno de dudas y escéptico; la textura de su material mental con la que teje su vida, le hará parecer tensionado, ansioso, complicado y lleno de limitaciones

Haga un nuevo plano mental: construya en silencio el logro de la paz, armonía, alegría, bienestar, prosperidad. Deténgase en las ideas de salud radiante, éxito, felicidad; acójalas, visualícelas en el estudio escondido de su mente; reclámelas como suyas. El subconsciente aceptará su plan y hará que todas estas cosas se cristalicen.

. ARTE Y CIENCIA DE LA VERDADERA PLEGARIA

Ciencia, quiere decir conocimiento coordinado, entrenado, ordenado, y sistematizado.

En la verdadera plegaria se manejan los principios vitales fundamentales impulsados por técnicas o procesos que los condicionan para expresarse en su vida, así como también en la vida de todos y cada uno de los seres humanos. El arte es aquí la técnica o proceso; la ciencia que está atrás es la respuesta definida por su pensamiento o imagen mental de su mente creadora.

Por esta razón se dijo: "Pedid y se os dará; buscad y hallareis; tocad y se os abrirá". Se deduce que usted recibirá siempre aquello que pide; si pide pan lo recibirá; si pide convicción, la recibirá.

Siempre hay una respuesta directa de la Inteligencia definida de su mente subconsciente al pensamiento consciente. Si pide pan, no recibirá piedras. Debe pedir, creyendo que va a recibir. La mente se mueve del pensamiento a la cosa. A menos que la primera imagen no se pueda mover porque no hubiese nada hacia donde moverse. Su oración, que es un acto mental, debe ser aceptada como imagen en su mente, antes que el poder del subconsciente entre a actuar haciéndola realidad. Antes, debe usted alcanzar un estado de avenencia total.

Esta contemplación debe acompañarse por un estado de tranquilidad y alegre convicción, con la absoluta certeza de ver cristalizado el deseo. Por tanto, las bases sólidas del arte y ciencia de la verdadera plegaria es su conocimiento y absoluta confianza de que la maniobra de su mente consciente obtendrá una respuesta definitiva de su mente subconsciente donde reside la sabiduría y el poder infinitos. Siguiendo este procedimiento, sus oraciones serán respondidas.

. LA TECNICA DE LA VISUALIZACION

Nuestros ojos sólo pueden ver aquello que ya existe en el mundo físico. Ya vimos cómo la idea y el pensamiento son reales; es decir, cuanto forme en su imaginación es tan real como cualquier parte de su cuerpo y cualquier día aparecerán en el mundo objetivo.

Cuando usted tiene plena convicción de su imagen mental, cualquier pensamiento que produzca su mente consciente será la sustancia que conforme la cosa esperada y la evidencia de la cosa no vista.

Por tanto, la forma más sencilla y lógica de formular una idea es visualizarla; mirarla y detallarla con el ojo mental, tan nítidamente como si estuviese viva o en estado concreto, tangible. Lo que usted visualice con su vista mental, existe ya en los planos invisibles de la mente; su convicción produce la impresión necesaria de esta realidad en su subconsciente, quien a su vez se movilizará, convirtiéndola en un hecho o vivencia real.

Todo constructor visualiza el tipo de edificio que desea, tal como lo quiere ver cuando esté terminado. Su proceso pensante o imaginación se convierte en un molde plástico desde el cual emerge la construcción: un rascacielos hermoso y estético o una construcción de tipo común. Sus impresiones mentales las transporta a lo físico cuando dibuja los planos sobre papel; más tarde el contratista y la construcción progresa hasta terminarla perfectamente de acuerdo al patrón mental que trazó el arquitecto.

Yo uso la visualización antes de decir mis discursos, montado allá sobre una plataforma. Aquieto mis torbellinos mentales a tal punto que puedo presentar a la mente subconsciente mis imágenes mentales. Luego, veo el auditorio; todas las sillas ocupadas por hombres y mujeres, y a cada uno de ellos, iluminados e inspirados por la infinita presencia curativa. Los veo radiantes, felices y libres. Habiendo plasmado esta primera idea en mi imaginación, sosegadamente la sostengo allí como una impresión mental mientras me imagino oir a los hombres y mujeres decir: "Estoy curado", "Me siento maravillosamente", "He tenido una curación instantánea", "Me he transformado". Sostengo esta impresión, conociendo y sintiendo que la mente y cuerpo de todas y cada una de estas personas se saturan de amor, salud, belleza y perfección. Mi concentración crece proclamando su salud y bienestar. Entonces, libero la imagen y subo a la plataforma. Casi todos los domingos algunas personas se paran y me dicen que sus plegarias han sido oídas.

. METODO DEL CINEMATOGRAFO MENTAL

William James, el padre de la sicología americana, sostuvo que la mente subconsciente recoge cualquier imagen sostenida en la mente y la convierte en un hecho, de acuerdo con la convicción individual.

El método consiste en mantener una idea o imagen mental sostenida constantemente en la mente. Los chinos dicen: "Una pintura vale más que mil palabras". Para lograr imprimir en el subconsciente la imagen deseada, yo les aconsejo entrar en estado de reposo, acostado o sentado cómodamente; relajarse totalmente; fijar la atención en forma reposada y pasiva; entrar en un estado somnoliento o de adormecimiento, para reducir al mínimo todo esfuerzo mental; en este estado, tomar la imagen mental, manosearla, comprobarla, satisfacerse de la comprobación, visualizarla y seguirla hasta quedar dormida, convencido de que la cinta mental creada en su mente pasará al subconsciente, el cual seguirá trabajando en la imagen trazada. Debe actuar como si su pensamiento fuese una realidad objetiva (concreta), la mente subconsciente tomará esta impresión que volverá objetiva.

Hace algunos años estuve dando conferencias por varios estados del medio oeste, y tuve el deseo de establecerme en forma permanente en un sitio desde el cual pudiese ayudar a los que necesitaban de apoyo. Viajé un poco más lejos, pero el deseo no abandonó mi mente. Una tarde, mientras me hospedaba en un hotel de Spokane, Washington, me relajé totalmente acomodándome en una poltrona; fijé mi atención y en forma reposada y pasiva me imaginé estar hablándo ante un gran auditorio, diciendo al efecto: "Estoy dichoso de estar aquí; he rogado por esta oportunidad". Visualicé el auditorio y sentí la realidad de todo ello; representé el papel de actor, dramaticé este cinema mental y quedé convencido de que esta imagen había sido trasladada a mi mente subconsciente, que la recogería a su manera. A la mañana siguiente, sentí una gran sensación de paz y satisfacción al despertar. A los pocos días recibí un telegrama rogándome dirigir una organización en el medio oeste, lo cual hice y en donde estuve inmensamente dichoso por varios años.

He recibido numerosas cartas de gente que escucha mis charlas radiales, o lee los artículos que publico semanalmente. Todas dan testimonio de los asombrosos resultados obtenidos al usar este método en la venta de sus propiedades. Sin embargo, les sugiero a todos estos que se convenzan a sí mismos que el precio pedido es el justo; esto apresurará más los resultados. La inteligencia infinita atraerá al comprador que realmente necesite y pueda pagar el valor pedido por la propiedad. Puedo testimoniar que este método, por medio de las corrientes mentales más profundas pondrá en contacto al comprador y al vendedor.

. LA TECNICA DE BAUDOIN

Charles Baudoin, brillante sicoterapeuta, fue profesor del Instituto Rousseau de París y Director del Centro de Investigaciones Científicas de la Nueva Escuela Curativa de Nancy. En 1910 demostró que el mejor método para impresionar el subconsciente se obtenía en el estado de somnolencia, sopor, adormecimiento o estado parecido al sueño, por cuanto se reducía al mínimo el esfuerzo consciente; la mente consciente quedaba pasiva, mientras la mente subconsciente se volvía receptiva, pudiendo ser impresionada, asimilaba la petición.

Proclamó su método así: "La forma más sencilla para impresionar la mente subconsciente es condensar la idea o imagen de lo que va a ser objeto de sugestión, resumida en una frase breve que pueda ser fácilmente grabada en la memoria. Luego, poco antes de dormir, al entrar en el estado de somnolencia, sopor o adormecimiento que precede al sueño, repetirla una y otra vez, tanto como sea posible antes de quedarse totalmente dormido".

Hace algunos años, una joven de los Angeles, California, se vió complicada en un largo y desagradable pleito por una herencia. Su esposo le había legado todos sus bienes,pero los hijos del matrimonio anterior pidieron la anulación del testamento judicialmente. Conociendo la técnica de Baudoin, se sentó en un cómodo sillón, se relajó, condensó la idea de sus propósitos resumiéndolos en una frase sencilla, cuyas palabras eran fácilmente grabables en su mente; "El fallo se dictará según orden divina". Entró en estado de somnolencia repitiendo la frase hasta quedarse dormida. El énfasis de sus palabras condicionó la transferencia de la Inteligencia Infinita a su subconsciente, acompañada con el principio de armonía. Repitió la sesión durante diez noches consecutivas; la última noche, cuando entró en somnolencia afirmó lenta, pausada y libremente: "Se fallará de acuerdo a una orden divina", la repitió hasta experimentar la sensación de tranquilidad y certeza del resultado; se quedó dormida. A la mañana del undécimo día, despertó con una sensación de bienestar confiando en que todo había concluído. En efecto, ese mismo día, la llamó su apoderado para informarle que el abogado demandante y sus poderdantes habían desistido. Se llegó a un acuerdo armonioso y terminó el litigio.

. LA TECNICA DEL SUEÑO

Hemos dicho que el estado de somnolencia, sopor o adormecimiento reduce al mínimo el esfuerzo mental consciente.

La mente consciente, en este instante, se sumerge en un gran letargo; quedando sosegada, tranquila. En este instante, los pensamientos negativos de la mente consciente tienden a neutralizar los deseos, evitando la aceptación de su mente subconsciente y no se presentan o permanecen estables durante el sueño.

La razón es muy simple; el fluído del subconsciente es más fuerte y lúcido, poco antes de quedar dormido o poco antes del despertar.

Supongamos que usted quiera curarse de un vicio o mal hábito. Adopte una postura cómoda, relaje todo el cuerpo, permanezca así hasta sentir la somnolencia, y en este estado de adormecimiento, diga tranquilamente una y otra vez hasta donde sea posible: "Estoy totalmente libre de . . . (tal hábito); la paz y armonía de la Mente Infinita reinan en mí en forma suprema". Repítalo lenta, tranquila y pausadamente durante cinco o diez minutos, noche y día. Cada vez que lo haga, su estado emocional se hará más fuerte. Cuando el deseo impulse la repetición del hábito, formule la petición grabada en su mente subconsciente, hágalo en voz alta y autoritaria a sí mismo. Este medio permite al subconsciente aceptar el mandato y le llevará a la curación.

. LA TECNICA DEL AGRADECIMIENTO

"Suplicad por vuestra necesidad, dando gracias".

El corazón agradecido está siempre unido en armonía con las fuerzas creadoras del Universo, atrayendo el fluído de favores innumerables; es la ley de acción conjunta o recíproca, derivado del principio cósmico "acción igual a reacción".

Por ejemplo: Un padre prometió a su hijo regalarle un carro al graduarse. Sabiendo que su padre cumpliría la promesa, se sentía recibiéndolo con verdadera gratitud.

Se obtienen resultados extraordinarios usando este método a base de sencillas oraciones.

Contaré cómo el Señor Broke aplicando esta técnica obtuvo una respuesta muy interesante.

El Señor Broke muy preocupado, pensaba un día: "Estoy sin trabajo, no tengo dinero, tengo muchas deudas y tres hijos; qué debo hacer? ". Regularmente y durante tres semanas repitió, noche y día, en forma convincente: "Gracias te doy Padre, por la prosperidad que me has dado". Siempre que el temor, pensamientos negativos, sin sentido o conflictivos, se presentaban en su mente, repetía la frase; la repitió tantas veces como fue necesario. Sabía que al mantener la actitud de agradecimiento reacondicionaba su mente a la idea de prosperidad. Estaba convencido que cada vez atraía más el Poder e Inteligencia Infinita hacia sí, aún cuando su mente física no la "viera". Mientras tanto su vista interna visualizaba un estado de prosperidad, "causa primera" que lo relacionaba con el dinero, trabajo, posición y alimento necesario. De tanto repetir: "Gracias te doy Padre, por la prosperidad que me has dado", llegó el instante en que la disposición de agradecimiento se hizo real, invadiendo su mente; su convicción mental fué la sustancia que eliminó el impase causado por estados conflictivos anteriores. Transcurridos unos días, se encontró en la calle a un antiguo jefe suyo, a quien no veía hacía casi veinte años, quien le ofreció una posición lucrativa y un préstamo anticipado de quinientos dólares. Hoy el Señor Broke es Vicepresidente de la Compañía en la cual trabaja. En una de sus últimas cartas me recalcó: "Jamás olvidaré lo maravilloso de: Gracias te doy Padre por la prosperidad . . .; me produjo resultados asombrosos".

. EL METODO AFIRMATIVO

"El uso de la plegaria no es la vana repetición sin sentido".

Manténgase afirmando verdades vitales hasta obtener la reacción consciente que lo satisfaga. Repitiendo una afirmación, conociendo lo que usted está diciendo y por qué lo dice, conduce la mente a un estado de consciencia para aceptar lo que afirma como si fuera cierto.

Afirmar es establecer que algo es de esta manera o de la otra, y cuando usted sostiene esta actitud mental como cierta, sin tomar en cuenta otra evidencia contraria, recibirá respuesta a su plegaria. Su mente sólo puede afirmar y aún cuando usted niegue algo, en realidad, afirma la existencia o presencia de lo que niega.

El poder de la afirmación está basado en la aplicación inteligente de frases positivas específicas y definidas. Su efectividad es pues fuertemente sostenida por el significado y comprensión verdadera que respalden sus palabras. Por tanto, el resultado de un proceso afirmativo en la súplica depende de su adaptación a los principios vitales, sin tomar en cuenta las apariencias.

Considere por un momento que hay un principio en matemáticas en el que no existe el error; hay un principio de verdad, ninguno deshonesto; hay un principio de inteligencia, ninguno de ignorancia; hay un principio de salud, ninguno de enfermedad; hay un principio de prosperidad, ninguno de pobreza.

Por ejemplo: Un muchacho, en el tablero de una escuela, suma tres y tres colocando debajo de la suma, siete. El maestro afirma que tres y tres son seis; el muchacho borra el número siete y cambia la cifra por el número seis según le ha indicado el maestro. No es la afirmación del maestro lo que hace tres y tres sean igual a seis, por cuanto ya es una realidad matemática. El muchacho convencido de esta realidad matemática, reconstruye su error y cambia la cifra colocada en el tablero.

Es anormal estar enfermo, es normal estar sano. La salud es la verdad de todo ser. Cuando afirma que hay salud, armonía y paz en usted mismo o en otra persona, estará ya convencido de que son un principio universal en todos y cada uno de los seres. Basado en su fe y comprensión (convicción) de lo que afirma, reconstruye el patrón negativo en su mente subconsciente.

Este método afirmativo fue escogido por el autor para usarlo en su hermana, que iba a ser operada para extraerle unos cálculos hepáticos en un hospital de Inglaterra. La condición descrita estaba basada en los procedimientos normales tales como diagnóstico, exámenes y radiografías hechos en el hospital. Me suplicó que rogara por ella. Estábamos separados unas seis mil quinientas millas, pero para el principio mental no existe tiempo ni espacio. La Mente o Inteligencia Infinita está totalmente presente en varios puntos a un mismo tiempo. Separé todos los pensamientos, desde la contemplación de los síntomas hasta la personalidad corporal y reuniéndolos afirmé: "Esta plegaria es por mi hermana Catherine. Ella está relajada y en paz, en reposo y equilibrio, serena y en calma. La Inteligencia Curativa de su mente subconsciente, que creó su cuerpo, está transformando ahora, en este instante, cada célula, nervio, tejido, músculo y hueso de su ser de acuerdo con el patrón perfecto de todos los órganos alojados en su mente subconsciente. Silenciosa y reposadamente, todos los patrones negativos posados en su mente subconsciente se retirarán, se disolverán, y la vitalidad, integridad así como la belleza de los principios vitales se manifestarán en cada átomo de su ser. En este momento, ella está abierta y receptiva a las corrientes curativas que la traspasan como un río acondicionándola para restaurar su salud, paz y armonía. Que todas las imágenes deformes sean, en este momento, arrastradas por el Océano Infinito de salud y armonía que la traspasan y así será". Afirmé lo anterior varias veces al día, y al final de las dos semanas al ir a la comprobación final y ser examinada mostró una notable salud y las radiografías comprobaron la ausencia de los cálculos.

. EL METODO ARGUMENTATIVO O POR RAZONAMIENTO

En las Bibliotecas aún se consigue un libro titulado "Los Manuscritos de Quimby", publicado en 1921 por Thomas Y. Crowell Company, New York, y editado por Horatio Dresser. Este libro produjo polémicas periodísticas, proclamando los notables resultados obtenidos con el tratamiento terapéutico del método Quimby,

El Doctor Phineas Parkhurst Quimby, de Maine, vivió y ejerció en Belfast, Maine, hace unos cien años. Investigador infatigable de la terapia mental y espiritual fue realmente el fundador de la medicina sicosomática y el primer sicoanalista. Obtuvo la facultad de diagnosticar por clarividencia la causa que producía el malestar, indisposición o dolor en el paciente. A través de sus experimentos comprobó el método argumentativo que usó desde 1849 hasta 1869.

En resumen, el método argumentativo consiste en un lógico razonamiento sicoterápico. Usted no discute con el paciente, razona con él. Le confirma cómo la mente subconsciente creó el cuerpo bajo un patrón perfecto, formando todos y cada uno de sus órganos, células, nervios, músculos, huesos; razón por la cual sólo él puede curarlo y así lo hará cuando se convenza de ello. Continúa el razonamiento, explicándole cómo el malestar o enfermedad que le agobia se debe a patrones negativos formados por las experiencias externas e impresiones internas; esto es, por qué la enfermedad es una sombra mental basada en imaginaciones mórbidas y perniciosas, temores sin fundamento, recogidos por la mente subconsciente formando una falsa fe o falta de convicción; cómo debido a esta falta de convicción, los patrones negativos se distorsionan siendo transferidos al cuerpo, se encarnan, produciendo las molestias y enfermedades; finalmente, le explica cómo cambiando el patrón mental se eliminan los malestares. Obtenida la convicción en el paciente, se elimina la confusión de su subconsciente. Ya tendrá éste una convicción y firmeza de propósito en qué apoyarse para condicionar la curación. Estando convencido que no habiendo sino una Inteligencia Infinita, lo que él sienta como verdadero lo conseguirá; veredicto que sólo el mismo paciente obtendrá, es decir, la convicción de sí mismo.

. EL METODO ABSOLUTO; PRACTICA SEMEJANTE A LA TERAPIA ULTRASONICA MODERNA

Un distinguido médico de los Angeles, obtuvo curaciones aplicando ondas ultrasónicas sobre el cuerpo del paciente. Se conoció esta práctica como terapia ultrasónica. Consiste en un dispositivo que produce ondas sonoras que oscilan a mucha velocidad. Estas ondas pueden controlarse y se convierten en un medio de curación al ser enviadas a cualquier zona enferma del paciente. Con este sistema obtuvo la disolución de los depósitos calcáreos artríticos, así como también la curación de otras dolencias.

El método terapéutico absoluto es similar a las ondas ultrasónicas.

"Según el grado en que elevemos la subconsciencia hacia la contemplación de los atributos divinos, así ganaremos ondas electro tro-espirituales cargadas de salud, paz y armonía".

Son muchas las personas que dan testimonio del resultado

obtenido al utilizar esta técnica.

El "operador" o persona que va a utilizar el método debe mencionar el nombre del enfermo.

Supongamos que el Señor John Jones se encuentra enfermo. El "operador" se pone cómodo, se relaja totalmente, aquieta sus pensamientos; luego medita silenciosa y reposadamente elevando sus pensamientos hacia la Inteligencia Divina, recalcando sus atributos, tales como: La Inteligencia Divina es toda bienaventuranza, Infinito Amor, Omnipotente, Omnisapiente, Armonía Absoluta, Perfección y Belleza. Visualizando estos pensamientos, su consciencia empezará a vibrar hasta alcanzar una fuerte oscilación formada por ondas espirituales hasta sentir, muchas veces, el estremecimiento que producen, se sumergirá en el mar infinito de bienestar; visualizará entonces que este mar traspasa todas las dificultades, disuelve a su paso todo lo negativo o dañino; en este instante, mencionará y visualizará a John Jones, sintiendo que el cuerpo de éste se inunda y traspasa por el factor curativo del Poder Infinito; visualizará todo el Poder Divino enfocado sobre John Jones, convencido de que toda molestia o malestar que lo aqueja sea neutralizado.

LA PARALITICA QUE VOLVIO A CAMINAR

De los "Manuscritos de Quimby" he condensado el siguiente pasaje:

Quimby fué llamado a visitar a una mujer vieja, paralítica y postrada. El sostenía que el mal de la mujer se debía a que estaba aprisionada en una estrecha mentalidad y pensaba que jamás se pararía ni caminaría. Su peor problema estaba en que tomaba los preceptos bíblicos al pie de la letra, viviendo así en una cárcel de terror e ignorancia, siendo ésta la piedra de tropiezo. Mientras ella estaba ansiosa por el pan de la vida, cada vez que preguntaba a alguien la explicación de un pasaje bíblico, recibía como respuesta una piedra. Al escucharla Quimby pensó: "En esta cárcel se halla la presencia de la Inteligencia Divina, tratando de romper las cadenas que la aprisionan y salvarle de la muerte".

Quimby diagnosticó un caso mental sombrío y estancado, producido por el miedo y la subsecuente excitación, cuya causa estaba en la inhabilidad de entender claramente el significado del pasaje bíblico que había estado leyendo, traduciéndose en un malestar corporal que la llevó a la parálisis.

Llegando a esta conclusión, Quimby le preguntó qué significaban para ella los siguientes versículos bíblicos: "Todavía estaré un poco más entre vosotros y entonces volveré a quien me envió. Me buscaréis pero no me hallaréis y en donde yo estaré, vosotros no podréis estar".

Ella entendía que Jesús había resucitado y estaba en los cielos.

Quimby le dió la razón en parte y aclarándole que el significado real era así: "Estaré un poco más con ella", explicaba sus síntomas, convicción y causas que los producían; es decir, le tenía compasión y simpatía, pero él no podría permanecer más tiempo por las condiciones de su estado mental. El próximo paso "y entonces volveré a quien me envió" significaba que debíamos ir a él que nos había enviado y entonces Quimby le recalcó, que él era el Poder Creador Divino dentro de cada uno de nosotros. Quimby visualizó por un instante y contempló el ideal divino, en toda su vitalidad, inteligencia, armonía y poder curativo traspasando el cuerpo de la paciente; de repente le dijo: "Por tanto, donde yo vaya usted no puede ir, puesto que su convicción está limitada y restringida, mientras yo estoy con buena salud". La explicación previa y la última afirmación lanzada por Quimby produjeron un efecto instantáneo, sobreviniendo un repentino cambio mental en la paciente. ¡Caminó sin las muletas! .

Quimby comentaba que ese había sido uno de los casos más singulares. Explicó cómo, al recordarle la resurrección de Jesús su mente aceptó una verdad y la idea de ésta, eliminó el miedo, la ignorancia y superstición. El subconsciente de ella lo acogió como su propio Cristo o Salud, produciéndose el asombroso resultado: liberó el divino poder curativo y estando como estuvo, muerta de miedo, la convicción la sacó de la muerte, devolviéndole la vida.

. EL METODO RESOLUTIVO

"Determina a sí mismo una cosa y como seas firme, la luz resplandecerá sobre tu camino".

El poder respalda nuestra palabra de acuerdo con la convicción y determinación que tengamos. El poder que mueve el Universo está a nuestro favor, apoyando nuestras palabras y actos; nuestra seguridad y confianza en nosotros mismos, crecerá.

Agregue poder al poder; sin forzarlo, pues de nada sirve la coacción, o lucha mental.

Una joven utilizó este método en un joven que constantemente la mortificaba llamándola por teléfono, pidiéndole citas en su oficina; creyó muy difícil poder manejarlo. Un día resolvió salir de él y dijo: "Yo me libero . . . hasta el Infinito Divino. El estará en su sitio en todo momento. Yo soy libre y él es libre. Resuelvo en este instante

---

(1) El caso citado es uno de los más característicos de fanatismo religioso o místico que, dadas las circunstancias, sería bueno que médicos, siquiatras o interesados en la terapia mental tomen en cuenta. Puede observarse la enorme influencia que los personajes o pasajes de libros religiosos tienen cuando son tomados y llevados profundamente en la consciencia de un individuo hasta causarle inhibiciones y malestares peligrosos. En realidad, el concepto básico que penetra toda la sicología identifica la fuerza directriz de la actividad consciente e inconsciente en la "convicción de poder", es decir, en la tendencia de afirmar siempre y en cualquier lugar su propia personalidad, evitándole todo obstáculo y todo malestar. Las barreras que se oponen a este impulso crean en el individuo estados inhibitorios que desembocan en serios malestares. (N. del E.)

que mis palabras vayan hasta la Mente Infinita y las hagan pasar. Así será". Comentaba la joven: Quise que este asunto se desvaneciera y en efecto nunca más le volví a ver, como si se lo hubiera tragado la tierra.

. RESUMEN DE LOS PUNTOS SOBRESALIENTES

1. Sea un ingeniero mental. Use las técnicas de tanteo y prueba para construirse una vida mejor y espléndida.

2. Su deseo es una plegaria o súplica. Bosqueje su deseo hasta el máximo sin dejar detalle; siéntalo una realidad y experimentará la alegría de ver la respuesta a su súplica.

3. Desee completar las cosas de un modo fácil; tiene el apoyo de la ciencia mental.

4. Usted puede edificar una salud radiante, feliz y dichosa, mediante los pensamientos que usted forme en el escondido estudio de su mente.

5. Experimente científicamente hasta cuando compruebe personalmente cómo siempre hay una respuesta directa desde la inteligencia infinita de su mente subconsciente a su mente consciente.

6. Sienta con alegría y felicidad ver la certeza con que se cumplirán sus deseos. Cualquier retrato mental proyectado en su mente será la sustancia de las cosas esperadas y la evidencia de las no vistas.

7. Una imagen clara mental vale más que mil palabras. Su subconsciente devuelve al mundo físico cualquier imagen que usted mantenga fija en su mente, apoyándola en su convicción.

8. Evite todo esfuerzo mental durante la plegaria. Introdúzcase en un estado somnoliento, adormézcase, manosee, baraje lo pensado y libérela convencido de que recibirá la respuesta.

9. Recuerde que un corazón agradecido está siempre cerca de las riquezas del universo.

10. Afirmar es establecer que algo es así y si usted mantiene esta actitud como verdadera, no importanto cualquier evidencia contraria, recibirá la respuesta a su plegaria.

11. Genere ondas de armonía, paz y salud, pensando en el Amor y Gloria Divina.

12. Lo que usted resuelva y lo sienta como verdadero, pasará. Resuélvase a tener armonía, salud, paz y abundancia.

La tendencia del subconsciente es la permanente conservacion del cuerpo

7

. LA TENDENCIA DEL SUBCONSCIENTE ES LA PERMANENTE CONSERVACION DEL CUERPO

El subconsciente es el constructor del cuerpo, razón por la cual siempre tiende a conservarlo, manteniendo sus funciones vitales.

La mente subconsciente está en contacto permanente con el principio vital de ilimitada e infinita sabiduría; nunca duerme, trabaja las veinticuatro horas del día. Sus impulsos trabajan por conservar y desarrollar la vida. Está siempre tratando de ayudarle y evitarle daños; urge a amar y salvar la vida de otros.

Por ejemplo: durante el gran terremoto e incendio de San Francisco de California el 18 de Abril de 1906, inválidos y paralíticos postrados durante mucho tiempo, se levantaron y ejecutaron los actos de valentía y esfuerzos más asombrosos. Cuando el intenso deseo de salvar a otros se derramó dentro de ellos, el subconsciente les correspondió entrando en acción.

Un noventa por ciento de la vida mental es subconsciente; tanto hombres como mujeres olvidan el uso de este asombroso poder, que vive dentro de nosotros entre límites muy reducidos.

Las convicciones más profundas son aquellas que usted no puede argüir (razonar) por cuanto no surgen de la mente consciente; son condicionadas por la mente subconsciente.

El subconsciente le habla con intuiciones, impulsos, tropiezos, insinuaciones, ideas; está siempre ordenándole cómo levantarse, trascender, crecer, aventurarse y avanzar hasta la meta. Produce las grandes aspiraciones, visiones e inspiraciones hacia una vida más noble y esplendorosa.

Los grandes artistas, músicos, poetas, oradores y escritores se sincronizan con su subconsciente y llegan a animarse e inspirarse.

Robert Louis Stevenson, decía que su mente interior le daba la trama o argumento de sus cuentos, párrafo tras párrafo, en una forma semejante a una cinta cinematográfica. Acostumbraba antes de dormirse, suplicarle a su subconsciente le inspirase una historia emocionante cuando su cuenta bancaria estaba bajita. El subconsciente recogía la súplica y se encargaba del trabajo, mientras Stevenson dormía.

Mark Twain confesaba en público que nunca trabajaba. Todo su humor y grandes escritos se producían porque transportaba hacia él la inacabable reserva de su mente subconsciente.

Estos dos casos anteriores testimonian cómo el subconsciente habla en voz baja, diciendo cosas sabias a través de usted; las cuales su mente consciente desconoce.

· COMO EL CUERPO ES SU FIEL RETRATO MENTAL

La interacción (acción conjunta armónica) de las mentes consciente y subconsciente necesitan de una interacción correspondiente similar en el sistema nervioso.

El sistema cerebro espinal es el órgano de la mente consciente; es el camino por el cual se reciben las percepciones conscientes recibidas o captadas por los cinco sentidos, ejerciendo control sobre el movimiento del cuerpo. Es el canal de acción por donde fluye o se manifiesta la mente volitiva o consciente.

El sistema simpático, llamado también sistema nervioso involuntario, es el órgano de la mente subconsciente; tiene su centro en la masa neuroganglionar conocida como plexo solar o cerebro abdominal, localizado frente al estómago. Es el canal de acción por donde fluye la acción mental que inconscientemente soporta las funciones vitales del cuerpo.

Estos dos sistemas pueden trabajar, separados o sincronizados.

Judge Thomas Trowar (1) comenta: "El nervio vago sale de la región cerebral como parte del sistema voluntario; con él controlamos los órganos vocales; pasando al tórax; envía ramificaciones al corazón y pulmones; finalmente atraviesa el diafragma, se pierde entre las capas exteriores que distinguen los nervios del sistema voluntario y se llegan a identificar con los del sistema simpático, por anastomosis o sea, la unión entre el sistema simpático y el parasimpático convirtiendo al hombre físicamente en una entidad individual".

"En forma semejante, las diferentes áreas cerebrales indican su conexión con las actividades objetivas y subjetivas de la mente, respectivamente. Hablando en forma general, podemos asignar la porción frontal del cerebro a las actividades objetivas y la porción posterior a las subjetivas mientras que la porción intermedia participa de ambas características".

Una forma muy sencilla de comprender la interacción físico-mental es: la mente consciente, al tomar una idea, induce una vibración en los nervios del sistema voluntario; éste a su vez, produce una corriente similar a la generada, en los nervios del sistema involuntario llevando la idea a la mente subconsciente, que es el medio creador. Todo pensamiento acogido por la mente subconsciente y aceptado como una verdad, lo envía el cerebro al plexo solar, cerebro de la mente subconsciente, para encarnarlo y ser transferido al mundo como una realidad. Así es como sus pensamientos se convierten en hechos, en cosas.

---

(1) The Edimburg Lectures on Mental Science (New York: Robert Mac Bride & Co. 1909). (N. del E.)

EXISTE UNA INTELIGENCIA QUE CUIDA EL CUERPO

Al estudiar los tejidos de los órganos, tales como: los ojos, oídos, corazón, hígado, vejiga, etc., se observará cómo consistiendo en un grupo de células forman un conjunto o sistema inteligente; para lo cual funcionando juntas son capaces de recibir órdenes y transportarlas a una función deductiva en la sugestión de la mente maestra (mente consciente).

Un estudio más cuidadoso, de un organismo celular simple, le demostrará lo que en realidad ocurre en su complejo organismo. Aún cuando un organismo monocelular no tiene órganos, evidencia y reacción mental representadas en las funciones básicas de movimiento, alimentación, asimilación y eliminación.

Muchas personas dice "hay una inteligencia que conserva el cuerpo, si se la deja sola". Esto es verdad, pero la dificultad está en que la mente consciente siempre interfiere con la evidencia de sus cinco sentidos impresionando según las apariencias exteriores, conduciendo al dominio de creencias falsas, temores y opiniones falsos. Una vez registrados tales patrones negativos en la mente subconsciente debido a condiciones psicoemocionales, sólo se puede llegar a la mente subconsciente actuando según las condiciones ya impuestas por los patrones establecidos.

. LA MENTE SUBCONSCIENTE TRABAJA SIN CESAR POR EL BIENESTAR COMUN

La subconsciencia dentro de cada uno de nosotros trabaja constantemente por el bienestar común, refleja un principio natural de armonía y respalda todas las cosas. Su mente subconsciente tiene voluntad propia, y es algo muy real en sí misma. Actúa noche y día sin descanso, trabaje o nó usted. Es el constructor de su cuerpo, pero usted no puede verlo, oirlo o sentirlo construyendo, porque todo ello es un proceso silencioso. Su subconsciente tiene una vida por sí misma, esta siempre moviéndose de acorde a la armonía, salud y paz que reinan en el Universo. Es el patrón divino que en nuestro interior busca la forma de expresarse a todo momento.

. COMO EL HOMBRE OBSTACULIZA EL PRINCIPIO INNATO DE ARMONIA

Para pensar científica y ordenadamente, debemos conocer la verdad. Para conocer la verdad es necesario estar en armonía con la Inteligencia Infinita y el Poder de su mente subconsciente que está siempre trabajando para conservar su vida.

Cada pensamiento o acción que no sea armonioso, ya sea por ignorancia o proyección, resultará en toda clase de discordancias y limitaciones.

Los científicos informan que usted construye un nuevo cuerpo cada once meses; así usted sólo tiene, en forma permanente once meses de edad desde el punto de vista físico. Si usted forma defectos respaldados dentro de su cuerpo por pensamientos de miedo, ansiedad, celos y voluntad enfermiza, no tendrá a quién reclamar sino a usted mismo.

Usted es la suma total de sus propios pensamientos. Usted puede acoger en su mente fantasías y pensamientos negativos. La forma de salirse de la oscuridad es con luz; la forma de vencer el frío es con calor; la forma de vencer un pensamiento negativo es sustituyéndolo por un buen pensamiento. Afirme la bondad y el mal se desvanecerá.

. POR QUE ES NORMAL ESTAR SALUDABLE, VIGOROSO Y FUERTE, MIENTRAS QUE ES ANORMAL ESTAR ENFERMO

La mayoría de los niños nacen sanos con todos sus órganos funcionando perfectamente. Este es el estado normal. Nosotros también deberíamos permanecer sanos, vigorosos y fuertes. El instinto de conservación es el principio vital más fuerte de la naturaleza y constituye la verdad operativa más potente, siempre presente y constante, inherente a su propia naturaleza. Razón por la cual todos sus pensamientos, ideas y creencias deben actuar con mayor fuerza cuando usted está en armonía con el principio vital innato en usted, siempre está buscando conservarle y protegerle en todo momento.

Por tanto, las condiciones normales pueden restaurarse con mayor certeza y facilidad que las condiciones anormales inducidas.

Es anormal estar enfermo; significa sencillamente que usted está yendo contra la corriente de la vida y pensando negativamente.

La ley de la vida es la ley del desarrollo y del crecimiento; toda la naturaleza testimonia esta ley por la expresión constante de la ley del crecimiento. Donde hay crecimiento y desarrollo, hay vida; donde hay vida debe haber armonía y donde hay armonía, hay salud perfecta.

Cuando su pensamiento está en armonía con el principio creador de su mente subconsciente, estará usted sincronizado con el principio innato de armonía. Si usted forma pensamientos que no están de acuerdo con el principio de armonía, estos pensamientos le consumirán, fatigarán, preocuparán y finalmente, le conducirán a estados enfermizos, y si persiste en ellos, posiblemente morirá.

En la curación de enfermedades usted debe aumentar el fluído y la distribución de las fuerzas vitales de su mente subconsciente en todo su organismo. Puede hacerlo eliminando los pensamientos de temores, preocupaciones, ansiedad, celos, odio y todo otro pensamiento negativo que tienda a destrozar y destruir sus nervios y glándulas. El tejido del cuerpo es el que controla la eliminación de todo material de deshecho.

. CURACION DE UN MAL DE POTT

En la Revista Nautilus de Marzo, 1917, aparece un artículo donde se menciona la curación de un muchacho que sufría el Mal de Pott o tuberculosis de la columna vertebral.

Su nombre era Frederick Elias Andrews, de Indianápolis, hoy

Ministro de la Escuela de Unidad Cristiana de la Ciudad de Kansas, Missouri. Su médico le pronosticó enfermedad incurable. Empezó a orar, y desde una parálisis deformànte que llegaba hasta rodillas y manos, comenzó a fortalecerse, enderezarse y recuperarse totalmente. Creó su propia afirmación, absorbiendo mentalmente las cualidades que necesitaba.

Afirmó una y otra vez, muchas durante el día: "Yo soy perfecto, saludable, vigoroso, fuerte, alegre, armonioso y feliz". Perseveró y dijo que su plegaria fue siempre la última expresión de sus labios al acostarse y la primera al levantarse. Suplicó a otros que enviaran pensamientos de alegría y salud. Esta actitud mental y la forma de orar volvió a él multiplicada muchas veces. Su convicción y constancia le pagaron con buenos dividendos. Cuando los pensamientos de temor, ansiedad o envidia invadían su mente, empezaba inmediatamente a contraatacarlos con afirmación fuerte en su mente. Su mente subconsciente respondió de acuerdo a la naturaleza de su pensamiento habitual.

He aquí el significado de: "Vete, sigue tu camino; tu fe te ha salvado"

. COMO LA CONVICCION EN EL PODER DE SU SUBCONSCIENTE HACE DE USTED UNA PERSONA SANA

Un joven, que venía a mis conferencias sobre el poder curativo de la mente subconsciente, tenía un problema grave en la vista y el médico le había diagnosticado operación.

Se dijo a sí mismo: "Mi subconsciente hizo mis ojos y él puede curármelos". Todas las noches al acostarse, cuando caía en el estado de somnolencia, inmovilizaba su atención y la enfocaba sobre el ojo del médico. Se imaginó que el médico estaba frente a él, y le oía totalmente o imaginaba oirle, diciéndole: "Ha sucedido un milagro". El oía esto una y otra vez, todas las noches, durante cinco minutos antes de dormirse. Al cabo de tres semanas volvió donde el oftalmólogo, que lo había examinado antes y éste le dijo: "Esto es milagroso"; qué ha sucedido? . El joven había impresionado su mente subconsciente usando al médico como instrumento o medio de convicción. Por medio de la repetición, convicción y esperanza, impregnó su mente subconsciente. Su mente subconsciente había hecho sus ojos; dentro de él estaba el patrón perfecto e inmediatamente procedió a restaurarle el ojo.

Es éste otro ejemplo de cómo la convicción en el poder curativo del subconsciente puede hacerlo todo.

. RESUMEN DE LOS PUNTOS SOBRESALIENTES

1. Su subconsciente es el contructor de su cuerpo y trabaja veinticuatro horas al día. Usted lo obstaculiza en sus patrones vitales dando cabida a pensamientos negativos.

2. Encargue al subconsciente con la tarea de darle solución a cualquier problema, antes de dormirse y recibirá la respuesta.

3. Observe sus pensamientos. Cada pensamiento aceptado como una realidad es enviado por su cerebro al plexo solar, su cerebro abdominal, y es materializado como una realidad.

4. Reconozca que usted puede rehacerse por sí mismo con sólo dar un nuevo plan a su mente subconsciente.

5. La tendencia de su subconsciente es la conservación de su vida. El trabaja a través de su mente consciente. Alimente su mente subconsciente con frases afirmativas. Su subconsciente está siempre reproduciéndolas de acuerdo a sus patrones mentales.

6. Usted tiene un nuevo cuerpo cada once meses. Cambie su cuerpo cambiando sus pensamientos y manténgalos así.

7. Es normal estar sano; es anormal estar enfermo. Recuerde que dentro de nosotros mismos está el principio de armonía.

8. Pensamientos de celos, temor, preocupación y ansiedad destrozan y destruyen sus nervios y glándulas, atrayendo enfermedades.

9. Lo que usted afirme consciente y esté convencido de ello, se manifestará en su mente, cuerpo y negocios. Afirme la bondad y entrará en el campo de la alegría de vivir.

Cómo obtener el resultado que se desea 8

. COMO OBTENER EL RESULTADO QUE SE DESEA

Las principales razones del fracaso son: Pérdida de confianza y esfuerzo mental excesivo. Hay más confianza cuando se conoce el funcionamiento de la mente.

Al ignorar este funcionamiento, se obstaculizan las respuestas a su plegaria, naciendo la desconfianza en la gran mayoría de las gentes. Es indispensable recordar, que una vez la mente subconsciente acepta una idea, la ejecuta de inmediato, recurriendo a sus poderosos recursos, movilizando los principios mentales y espirituales hacia el fin deseado.

Esta ley es cierta tanto para ideas malas o negativas como para las ideas buenas o positivas. Por consiguiente, si le presentáis ideas negativas, responderá con problemas, fracasos y confusión; si le presentáis ideas positivas, responderá guiándose y dándoos paz mental.

La respuesta adecuada es inevitable cuando vuestros pensamientos son positivos, constructivos y alegres. Lógicamente, el apoyo necesario para vencer cualquier fracaso es que la mente subconsciente logre la aceptación de vuestra idea o súplica, estando convencidos de su presente realidad; los principios mentales harán el resto. En otras palabras: transfiera su plegaria o súplica con fe y confianza (convicción); vuestro subconsciente le acogerá y responderá.

Las frases de tipo dudoso y negativo traen también la falta de respuestas. Por ejemplo: "Las cosas empeoran"; "Jamás obtendré la respuesta"; "No veo salida"; "estoy desesperado"; "No sé qué hacer"; "Estoy desamparado". Al lanzar o pensar en tales expresiones, el principio activo del subconsciente las rechaza y la mente subconsciente no presta su colaboración. Queda usted estancado como soldado marcando el paso, ni avanza ni retrocede.

Jamás obtendréis respuesta si utilizáis la represión, coerción o fatiga mental. La mente subconsciente no responde ante algo forzado, sólo cede a la confianza, es decir, a la aceptación consciente. Si usted toma un taxi y le da al conductor media docena de direcciones, todas diferentes, es muy probable que el conductor se confunda y rehuse llevarle o transportarle de mala gana a cualquiera de ellas.

Lo mismo sucede cuando trabajáis con la mente subconsciente; es necesario presentarle una idea clara, con la convicción de que existe una solución a su problema o enfermedad. Sólo la inteligencia infinita contenida en su subconsciente conoce la respuesta. Cuando os halléis convencidos, es decir, cuando hayáis llegado a la conclusión bien definida en vuestra mente consciente, recibiréis de acuerdo a vuestra súplica.

. LO FACIL QUE ES

El propietario de un edificio discutía con un técnico en reparación de estufas por el cobro exagerado en un simple arreglo de una estufa de calefacción central. El técnico le dijo: "Le cobro cinco centavos por el tornillo que faltaba y ciento noventa y nueve dólares con noventa y cinco centavos por saber dónde estaba la falla".

El subconsciente es también un mecánico perfecto, que todo lo sabe; conoce los medios y formas de sanar cualquier órgano; puede resolver problemas diarios comerciales o emocionales. Si decae vuestra salud, la restablecerá el subconsciente. La relajación es la clave del éxito, (tómese aquí relajación como descanso físico-mental).

Aprenda a relajarse; es fácil hacerlo. Calmado, sin tomar en cuenta detalles y medios, confíe en el resultado final. Tened la convicción del feliz resultado de vuestro problema, de salud, empleo financiero. Es favorable pensar en el bienestar que se siente después de haber recobrado la salud tras una larga enfermedad.

No olvidéis que vuestro sentir (convicción) o sentimiento es la clave o piedra de toque de toda demostración consciente. Su nueva idea debe ser sentida subjetivamente como un hecho ya sucedido; nó, que va a suceder,sino como sucediéndose en ese instante.

No admita oponente, use la imaginación y no el poder del deseo. El sistema más sencillo es el mejor.

El utilizar la mente subconsciente simplifique el proceso; no admita intromisiones. Visualice el fin perseguido, la liberación deseada; observe cómo el intelecto tratará de obstaculizarle el camino y eliminar toda señal negativa; persista en sostener la convicción que hace milagros; recurra a una convicción sencilla e infantil. Imagínese a sí mismo libre de todo malestar y problemas; visualice el estado emocional que acompañaría el éxito de su plegaria. Esto es fácil.

. UNA IMAGINACION ENTRENADA PRODUCE EFECTOS MARAVILLOSOS, VEA COMO:

La mejor forma de obtener respuesta de su mente subconsciente es entrenando o disciplinando adecuadamente su imaginación.

"Todo lo que pidiéreis en oración, creyendo, lo recibiréis". Creer es aceptar algo como una verdad o sentir que lo es. La mente subconsciente es el constructor del cuerpo y controla todas las funciones vitales de éste.

Sosteniendo esta disposición, sintiéndola un hecho, experimentará el alborozo de ver la respuesta a su plegaria.

. LOS TRES PASOS PARA TENER EXITO CON LA PLEGARIA

El procedimiento es el siguiente:

1. Echarle una mirada al problema; esto es, examinar o considerar

a fondo el problema

2. Transferir la conclusión al subconsciente, aceptando la conclusión que sólo él conoce.
3. Tener la más absoluta y profunda convicción de que el problema será resuelto.

No debilite su plegaria diciendo: "Deseo estar curado"; "Eso espero". Su sentir o convicción sobre el trabajo a ejecutarse es el jefe; esto es, sus sentimientos son los que dominan. La armonía nos pertenece, la salud está en nosotros. Sea inteligente convirtiéndose en el vehículo de la Infinita Fuerza Curativa de la mente subconsciente. Una vez convencido de la idea de salud, transfiérala al subconsciente; relájese, esto es, entréguese al reposo o descanso. Sálgase de sí mismo. Dígale a las situaciones y circunstancias: "Esto, también pasará". Por medio de la relajación impresionará a la mente subconsciente, condicionando a la energía dinámica que apoya su idea, tome la dirección y condúzcala a una realización concreta con estusiasmo y energía.

. LA LEY DE REVERSION DEL ESFUERZO (esfuerzo reversible). POR QUE USTED OBTIENE LO CONTRARIO DE LO QUE PIDE

Coué, famoso sicólogo francés, visitó América hace más de cuarenta años; definió la ley de reversión del esfuerzo, así: "Cuando sus deseos y su imaginación están en conflicto, gana siempre la imaginación".

El esfuerzo mental excesivo produce la derrota a sí mismo; porque se inclina casi siempre hacia el sentido contrario a lo deseado.

La subconsciencia está controlada siempre por la idea dominante, esto es, por las sugestiones impotentes que vencen las condiciones dominantes en su mente. Cuando usted camina sobre un tablón apoyado únicamente en los extremos sobre dos muros y el resto del tablón al aire; podría usted caminar despreocupado sobre él mismo?

El deseo de caminar sobre el tablón, atravesando un vacío bajo vuestros pies será contraatacado por la sensación o miedo a caer; aquí, vuestro pensamiento o idea de caer dominará y vencerá cualquier otro intento imaginativo. Vuestro deseo, vuestra voluntad, vuestro esfuerzo por atravesar se invertirá y dominará la idea de caer.

He aquí otro ejemplo común. Cuando los estudiantes se presentan a exámenes y tienen ante sí el cuestionario que han de contestar, se dan cuenta que sus conocimientos se han esfumado; se aterrorizan ante la idea del fracaso, perturbados, produciéndose una amnesia temporal. La mayoría aprieta los dientes, apelando a la fuerza de la voluntad y las respuestas que buscan parecen huir. Sin embargo, una vez han dejado el salón de exámenes y relajan su presión mental, las respuestan que buscaban fluyen arremolinándose en sus mentes. El intento de forzarse en recordar fué el motivo de su fracaso.

Cuando usted dice: "Quiero curarme, pero no he podido conseguirlo; "Trato de hacerlo pero es muy duro"; "Me esfuerzo mucho al orar"; "Utilizo toda la fuerza de mi voluntad", podrá comprobar que su error está en esforzarse.

En no esforzarse está la clave. Nunca intente obligar a su mente subconsciente a aceptar su idea o plan utilizando su fuerza de voluntad. Os repito, tal esfuerzo lleva al fracaso y sólo se obtendrá la contrario a la petición.

. ES NECESARIO RECONCILIAR EL DESEO Y LA IMAGINACION

Utilizar el esfuerzo mental es presuponer la existencia de una oposición. Cuando su mente se concentra en los medios de vencer o resolver un problema, ella no toma en cuenta los obstáculos. Quiero referirme a la siguiente cita bíblica de gran sabiduría y muy al caso.

"Otra vez os digo, que si dos de vosotros os pusiérais de acuerdo en la Tierra, acerca de cualquier cosa que pidiérais, os será concedido por mi Padre, que está en los cielos".

¿Qué significa estos "dos de vosotros"? De qué se trata? Representa la unión o acuerdo entre su conciencia y subconsciencia sobre cualquier idea, deseo o imagen mental; significa el no haber discordia o falta de armonía en vuestra mente para poder recibir la respuesta a vuestra plegaria.

La concordancia entre los dos, representa también:

Usted y su deseo
su pensamiento y convicción
su idea y emoción
su deseo e imaginación

Para evitar cualquier conflicto entre vuestra imaginación y vuestros deseos lo mejor es entrar al estado de somnolencia, que reduce al mínimo cualquier esfuerzo. Una gran parte de la mente consciente se sumerge en un profundo estado letárgico.

Este estado de somnolencia se obtiene antes de dormir o poco antes de despertar; es el mejor momento para impregnar al subconsciente porque en este momento el subconsciente tiene el mayor grado de lucidez. En este estado, los pensamientos negativos no se presentan. Cuando usted "sepa ver" el deseo como si estuviera cumplido, sintiendo el júbilo que lo acompaña, el subconsciente cristalizará su deseo y lo convertirá en realidad.

. UNA JOVEN VENCIO EL CONFLICTO ENTRE SU DESEO Y SU IMAGINACION

Ella deseaba una solución armoniosa en un juicio. Su imaginación sólo evocaba el fracaso, pérdida, bancarrota y pobreza. El pleito se complicaba; se producían constantes dilaciones y no había solución a la vista.

Siguiendo mis consejos, todas las noches, antes de dormirse y al entrar en somnolencia comenzó a imaginarse un final feliz a su problema, sintiéndolo lo mejor que podía de acuerdo a su habilidad.

Reconocía que la falla estaba en no armonizar el deseo de su corazón con su subconsciente. Antes de dormir dramatizaba tan vividamente, como le era posible, una charla amistosa con su abogado. Le hacía preguntas y él le respondía adecuadamente. Imaginaba con gran insistencia que él le decía: "Ha sido una solución perfecta, armoniosa, el caso ha sido fallado". Si durante el día, los pensamientos negativos trataban de invadir su mente, recorría su cinta mental: "veía" los gestos de abogado, su sonrisa, su actitud, "oía su voz", pensaba tan a menudo en esta imagen mental que la convirtió en un prototipo subjetivo.

A las pocas semanas su apoderado la llamó y le confirmó lo que ella había sentido como un hecho. El pleito se resolvió tal como ella lo había imaginado.

. **RESUMEN DE LOS PUNTOS SOBRESALIENTES**

1. La coerción y el esfuerzo mental excesivo producen ansiedad y miedo, obstaculizando su respuesta.

2. Cuando su mente está relajada y acepta una idea, su subconsciente empieza a trabajar para ejecutarla y hacerla un hecho.

3. Piense y planifique independientemente a los métodos tradicionales. Convénzase de que siempre hay una respuesta o solución a todos y cada uno de sus problemas.

4. No esté en contraposición con los deseos de su corazón, con la respiración de sus pulmones o las funciones de cualquier parte de su anatomía. Apóyese pesadamente sobre su subconsciente y proclame frecuentemente que la acción del derecho Divino está tomando lugar.

5. El convencimiento de salud produce salud; el convencimiento de prosperidad produce prosperidad.

6. La imaginación es su facultad más poderosa. Imagine que está alegre y de buen semblante. Usted es lo que se imagine que usted mismo es.

7. Evite el conflicto entre su consciente y subconsciente aprovechando el estado de somnolencia. Imagine el deseo totalmente planeado una y otra vez antes de dormirse. Duerma en paz y despiértese victorioso.

Cómo obtener prosperidad utilizando el poder del subconsciente

9

. COMO OBTENER LA PROSPERIDAD UTILIZANDO EL PODER DEL SUBCONSCIENTE (1)

Si tiene dificultades financieras, quiere decir que no ha sabido convencer al subconsciente de que tendrá dinero siempre y algo de sobra. (1)

Indudablemente hemos conocido seres que trabajan pocas horas al día y ganan fabulosas sumas de dinero; ni se esclavizan ni se esfuerzan demasiado.

No crea que la única forma de obtener riqueza y éxito es con el sudor de su frente o con mucho trabajar. No siempre es así; el mejor sistema es aquel que consiste en trabajar sin esforzarse; es decir, el trabajo que no implica esfuerzo excesivo y perjudicial.

Haga las cosas que usted gusta hacer y hágalas por el placer y alegría que le proporcionan.

Un ejecutivo en Los Angeles recibía un salario anual diez veces mayor que el de cualquiera de sus empleados. En el último año hizo un viaje de placer alrededor del mundo que duró nueve meses. Me contaba que había logrado convencer a su subconsciente que él merecía ganar mucho dinero, es decir, estaba convencido totalmente, que ese salario que obtenía era el correcto. Sin embargo me contó también cómo alguno de sus empleados, ganando mucho menos que él, sabía más del negocio e incluso con mayor capacidad para dirigirlo; pero eran personas sin ambición, sin ideas creadoras y no estaban in-

---

(1) Dada la importancia de algunos temas tratados en mi libro "Los Milagros de su Mente" hago un resumen de algunos de ellos para apoyar mi tesis. La repetición no tiene importancia, al contrario, está demostrada la eficacia de la repetición en estos casos. (N. del A.)

resadas en las maravillas del subconsciente.

. LA PROSPERIDAD ESTA EN VUESTRO SUBCONSCIENTE

La prosperidad o riqueza es una sencilla convicción subconsciente individual, es decir de cada cual. Usted no será rico diciendo: "Soy millonario, soy millonario". Debe formar una imagen mental consciente de prosperidad, formando en su imaginación la idea clara de abundancia y progreso.

. LOS MEDIOS INVISIBLES DE APOYO

La mayoría de las personas son desgraciadas por desconocer los medios invisibles de apoyo. Cuando los valores bursátiles bajan, o el mercado cae o pierden en sus inversiones o empleo, se sienten desamparadas y sin recursos. La razón de tal inseguridad está en no conocer la forma de utilizar o servirse de la mente subconsciente. Ignoran la inagotable reserva que tienen dentro de sí.

Una persona con un criterio o patrón mental de pobreza, se hallará siempre en dificultades económicas. Una persona con un prototipo mental abierto a la prosperidad, obtendrá siempre lo que desea.

La Inteligencia Divina jamás intentó mantener al hombre en la indigencia; la indigencia no es un patrón del subconsciente. Todos y cada uno de nosotros podemos vivir sin angustias, ser prósperos y ricos, o tener lo necesario y un poco más. No olviden esto: Vuestras palabras tienen poder; poder de eliminar las ideas negativas de la mente inculcando en su lugar, ideas positivas adecuadas.

. METODO IDEAL PARA FORMAR UNA CONCIENCIA PROSPERA

Al leer el párrafo anterior, probablemente habéis pensado: "Necesito riqueza y éxito". He aquí lo que debéis hacer: Repítase a sí mismo, tres o cuatro veces al día y durante unos cinco minutos, "Riqueza, éxito"; estas palabras tienen un asombroso poder, representan el poderoso impulso interno de la mente subconsciente. Enfoque su mente sobre este poder substancial localizado dentro de usted, para que las condiciones y circunstancias correspondientes a su cualidad y naturaleza se manifiesten en vuestra vida. No diga: "voy a ser próspero", "voy a tener éxito", porque está obstaculizando los poderes eficaces dentro de usted. Concebid los verdaderos poderes internos y no habrá discrepancia mental cuando digáis: "Riqueza, éxito". Manteniendo la convicción de riqueza pronto seguirá dentro de usted la idea de riqueza. La convicción de riqueza produce riqueza; siempre y cuando sea una idea fija en su mente.

Su mente subconsciente es como una institución financiera. Acredita en su cuenta todo lo que en ella deposite, todo lo que le impresione, sea malo o bueno. Es a usted a quien le toca escoger; riqueza o pobreza.

. POR QUE FRACASAN SUS AFIRMACIONES DE PROSPERIDAD

Son muchas las personas a quienes oigo la siguiente queja: "Durante semanas y meses he repetido constantemente: "Soy rico, soy próspero y mi situación no ha cambiado".

Una persona me dió la clave de lo sucedido, cuando me dijo: "He afirmado hasta el cansancio, soy próspero; sin embargo, las cosas han empeorado. Reconozco que cuando hacía estas afirmaciones, sentía que no eran ciertas dadas las circunstancias en que me encontraba".

Examinando a fondo lo sucedido descubrí que cuando decían: "soy rico, soy próspero", sólo sentían estarse mintiendo a sí mismos.

Es indudable que todas estas afirmaciones fueran rechazadas por su mente consciente, obteniendo como resultado lo contrario a sus afirmaciones. Todas obstaculizaban la petición o súplica por cuanto su naturaleza indefinida implicaba una necesidad dudosa, sin convicción y sugerían la pobreza.

El subconsciente recoge la idea o afirmación dominante, sea verdadera o falsa. Los mejores resultados se obtienen cuando la afirmación se hace con naturaleza definida, específica, sin producir discrepancia o conflictos mentales. El subconsciente sólo acepta lo que se siente como verdadero, lo que se le presente como una convicción; nunca, afirmaciones o ideas vagas, vacías.

. COMO EVITAR EL CONFLICTO MENTAL

Para evitar el conflicto mental y vencer las dificultades subsecuentes, haga lo siguiente: Repita con frecuencia y mucho mejor antes de quedarse dormido: "Día y noche prosperan más mis asuntos". Esta afirmación no provoca conflictos, pues no contradice la idea de ausencia de medios económicos, impresa en el subconsciente.

A un comerciante muy preocupado porque sus ventas habían disminuído bastante, le sugerí: "Siéntese en su oficina, relájese, sosiégue sus pensamientos y luego repita, una y otra vez: "Mis ventas mejoran todos los días". Esta afirmación provocó el acondicionamiento e inter cción de las mentes consciente y subconsciente; no se hicieron esperar los resultados.

. NO GIRE CHEQUES SIN FONDOS

Al afirmar usted: "carecemos de todo"; "hay escasez"; "perderé la casa debido a la hipoteca", no hace más que firmar cheques sin fondos. Cuando usted teme al futuro sintiéndose en un callejón sin salida, está firmando un cheque sin fondos, atrayendo condiciones negativas que le ahogarán. La mente subconsciente recoge sus temores y afirmaciones negativas como vuestra necesidad y procede de acuerdo a estos prototipos produciendo obstáculos, desilusiones, limitaciones y penurias en su vida cotidiana.

. EL SUBCONSCIENTE PRODUCE A INTERES COMPUESTO

El subconsciente multiplica y aumenta lo que en él se deposita, es decir, produce a interés compuesto.

Quien disfrute del sentimiento de riqueza, mayor riqueza obtendrá; quien disfrute del sentimiento de pobreza mayor pobreza tendrá.

Es fácil entonces: Cada mañana al despertarse deposite en el subconsciente pensamientos de prosperidad, éxito, riqueza y paz. Regocíjese en estas afirmaciones. Mantenga su mente ocupada en ellas, tanto como le sea posible. Estos pensamientos constructivos arraigarán en su subconsciente y darán como respuesta, abundancia y prosperidad.

. POR QUE NO SUCEDE NADA

Quizá diga usted: "Oh, eso ya lo he hecho y no he obtenido ningún resultado". No obtuvo resultados porque con toda seguridad lanzó su plegaria o súplica y a los pocos instantes dejó llegar a su mente pensamientos de duda, temor o desconfianza, neutralizando así la respuesta a lo que usted había afirmado.

Cuando usted siembra una semilla no la vuelve a desenterrar; la deja arraigar y crecer.

En vez de decir: "No podré pagar". Deténgase antes de decirlo y conviértalo en una frase constructiva diciendo: "Día y noche prosperaré en todos mis asuntos".

. LA VERDADERA FUENTE DE RIQUEZA

La mente subconsciente jamás es corta de ideas. Existen en ella una infinita cantidad de ellas, listas a surgir a la mente consciente y aparecen en vuestra cartera en forma de dinero inagotable. Este proceso es contínuo en su mente, sin tomar en cuenta las fluctuaciones, alzas y bajas, del mercado, si la moneda se desvaloriza o nó. Su prosperidad no depende realmente de bonos, existencias o dinero que tenga en los bancos; realmente son símbolos necesarios y útiles, pero no dejan de ser símbolos.

Lo que quiero señalar es que si usted logra convencer al subconsciente que la prosperidad es suya que siempre está circulando dentro de usted como parte de su vida, inevitablemente le acompañará, sin mirar en qué forma la obtenga.

. TRATANDO DE PASAR CON UN ESTRECHO PRESUPUESTO, Y SU VERDADERA CAUSA

Muchas personas declaran que siempre están tratando de vivir con lo que tienen. Parecen tener demasiados problemas para cumplir con sus obligaciones.

¿Los ha escuchado usted alguna vez?

Generalmente su conversación gira sobre el mismo asunto; constantemente se quejan de los amigos que han triunfado en la vida, a los que han progresado con mucho tesón y hasta llegan a decir: "Fulano . . . se hizo rico porque es un bandido, un pícaro, un ladrón".

La única razón por la cual critican a sus más prósperos amigos es la envidia. Y aquí está su perdición, porque condenan lo que más desean y quieren, es la forma más rápida y sencilla de alejar la riqueza, criticando y condenando a los que tienen más dinero o son más prósperos que usted.

. LA PIEDRA DE TROPIEZO UNIVERSAL

La causa de dificultades financieras de la mayoría de las personas se encuentra en la más común de las impresiones psicoemocionales: la envidia.

Muy tarde aprenden esta amarga lección.

Por ejemplo: Si usted viese a un amigo u otra persona consignando una gran suma de dinero en el banco, mientras usted sólo dispone de una pequeña suma para depositar, le produciría algún resquemor o envidia? ¿Sí?

La única forma de vencer esta emoción negativa es decirse a sí mismo: "Caramba, es asombroso como prospera Fulano . . ., deseo que siempre se haga más rico".

Los pensamientos de resquemor o envidia son devastadores, por cuanto se arraigan en su mente colocándola en una posición tan negativa que la riqueza se aleja de usted en vez de venir hacia usted. Cuando le trastorne o perturbe la riqueza de otra persona, afirme inmediatamente: "Mi sincero deseo es de que Fulano . . . tenga mucho más prosperidad y riqueza". Esto neutralizará los pensamientos negativos arraigados en su mente y hará que un mayor flujo de riqueza se dirija hacia usted, causa producida por la ley de su propio subconsciente.

. ELIMINE EL BLOQUEO MENTAL HACIA LA PROSPERIDAD

No os debe preocupar si alguien gana el dinero en forma deshonesta. Os bastará saber que esta persona utiliza la ley del subconsciente negativamente; esta misma ley se encargará de corregirle.

Cuídese de criticarla, recuerde las razones antes indicadas.

Recuerde: El obstáculo o bloqueo de su prosperidad está en su mente; usted puede destruir este bloqueo mental poniéndose mentalmente en paz con todas las personas.

. DUERMA Y HAGASE RICO

Practique el siguiente sistema: Todas las noches al acostarse, al entrar en somnolencia, reposada, fácil y con firmeza de convicción, repita varias veces: "Riqueza". Repítala hasta quedarse dormido. Se sorprenderá del resultado. La prosperidad le llegará en forma inesperada. Comprobando otro asombroso milagro de su mente subconsciente.

. RESUMEN DE LOS PUNTOS MAS SOBRESALIENTES

1. Decida ser rico del modo más fácil; busque la ayuda infalible de su mente subconsciente.

2. Acumular riqueza con el sudor de su frente y puede conducirle a ser el más rico de una comarca, pero no es necesario es-

clavizarse o esforzarse tanto.

3. La riqueza es una convicción subconsciente, arraigue en su imaginación la idea de riqueza.

4. La desgracia de la mayoría de las personas es no conocer el medio invisible que los apoya.

5. Repita la palabra "riqueza", para usted mismo, lenta y sosegadamente, durante unos cinco minutos antes de dormir y su mente subconsciente le traerá la riqueza como asombrosa experiencia.

6. El convencimiento de riqueza produce riqueza. Manténgalo en su mente en todo momento.

7. Sus mentes consciente y subconsciente deben estar de acuerdo. Su subconsciente acepta lo que usted realmente siente. La idea dominante es siempre la aceptada por su mente subconsciente. La idea dominante debe ser de riqueza, nó de pobreza.

8. Usted vencerá cualquier conflicto mental con respecto a la riqueza, afirmando frecuentemente: "Día y noche estoy prosperando en todos mis asuntos".

9. Aumente sus ventas repitiendo la afirmación, una y otra vez: "Mis ventas aumentan día a día y estoy avanzando, progresando y obteniendo más riqueza cada día".

10. No firme cheques sin fondos, diciendo: "No tengo lo suficiente", "Estoy escaso". Tales afirmaciones aumentan y multiplican sus pérdidas.

11. Deposite pensamientos de prosperidad, salud y éxito en su mente subconsciente; le devolverá con interés compuesto.

12. Lo que usted afirme conscientemente, no debe destrozarlo pocos instantes después. Esto neutraliza lo poco positivo que haya afirmado.

13. Su verdadera fuente de riqueza son las ideas de su mente. Usted puede tener una idea que le suministre millones de dólares. La

mente subconsciente le dará la idea de lo que busca.

14. La envidia y el recelo son piedras de tropiezo, obstaculizan el fluir de la riqueza. Alégrese de la prosperidad de los demás.

15. El bloqueo a la riqueza está en su propia mente. Destruya este bloqueo ahora, en este instante, poniéndose en paz con los demás.

Vuestro derecho a la riqueza 10

. VUESTRO DERECHO A LA RIQUEZA

Estamos aquí para tener una vida abundante, radiante y libre. Por lo tanto, usted debe tener todo el dinero necesario para llevar una vida próspera, feliz y dichosa.

Estamos aquí para crecer, expandirnos y desplegarnos material, mental y espiritualmente. Tenemos el derecho inalienable de desarrollarnos y expresarnos completamente, en todas las formas.

Nuestro derecho es la riqueza y debíamos estar rodeados de belleza y lujo. Por qué satisfacernos con tan sólo lo indispensable, cuando podemos gozar la riqueza de la mente subconsciente?

En este capítulo, aprenderá a familiarizarse con el dinero, hasta obtener un poco más del que necesite.

El deseo de riqueza, es la idea de una vida más larga, dichosa y maravillosa. Es una urgencia cósmica. No solamente es bueno, sino muy bueno.

. EL DINERO COMO UN SIMBOLO

El dinero es un símbolo de intercambio. Representa no solamente la libertad que usted desea, sino también belleza, lujo, abundancia y refinada educación.

Cuando la sangre circula en su organismo libremente, usted está sano. Cuando el dinero circula libremente durante su vida, usted está económicamente sano. Cuando la gente empieza a amontonar dinero, guardándolo en alcancías por temor a perderlo, hay enfermedad económica.

A través de los siglos, el dinero ha tomado diferentes usos, como intercambio: por sal, abalorios, piedras preciosas, joyas, etc. En los tiempos pasados la prosperidad del hombre se determinaba por el número de ovejas o reses que tuviera. Hoy usamos el medio circulante, u otros medios negociables; es mucho más fácil firmar un cheque que llevar un rebaño de ovejas a cualquier sitio para pagar una deuda.

COMO ENTRAR AL VERDADERO CAMINO DE LA RIQUEZA

El único recurso adecuado para entrar en el verdadero camino hacia cualquier tipo de riqueza económica, mental o espiritual es el conocimiento profundo de los poderes de la mente subconsciente.

El iniciado en las leyes mentales cree y sabe que siempre tendrá lo necesario para vivir en abundancia, sin preocuparse por el dinero ni las situaciones económicas del momento, fluctuaciones del mercado, inflación, guerra y otras complicaciones. La razón es palpable, él tiene la convicción, ha saturado su subconsciente con la idea de riqueza y que ésta le será suministrada en la forma que sea. Está mental y espiritualmente convencido que el dinero circula libremente en su vida y que lo obtendrá siempre en cantidad suficiente. Si mañana hubiese una bancarrota gubernamental, todo lo atesorado por el hombre no tendría valor, tal como sucedió con el marco alemán después de la primera guerra mundial; el subconsciente seguirá atrayendo riquezas para él, además le respaldará, no importando la nueva forma del medio circulante.

POR QUE NO TIENE MAS DINERO

Creo que la mayoría de las personas no están recompensadas adecuadamente por el subconsciente. Una de las causas está en que tales personas están silenciosamente condenando el dinero, o (abiertamente) diciendo: "El amor al dinero es la raíz de todos los males",

"El dinero es impuro". Otra de las causas para no prosperar es el errado convecimiento, arraigado en el subconsciente, al creer que la pobreza es una virtud. Este prototipo mental está mal formado desde la niñez, por superstición o basado en la mala interpretación de las sagradas escrituras.

Al terminar de leer este párrafo, probablemente dirá o pensará usted: "Merezco entonces mayor salario del que recibo". Y no hay que cifrarlo en el salario.

LA VIDA EQUILIBRADA Y EL DINERO

En una ocasión un hombre me dijo: "Estoy quebrado. No me gusta el dinero. Es la raíz de todo mal". Estas afirmaciones provenían de una mente neurótica confusa.

Estamos aquí para usar con sabiduría el poder o la riqueza. Algunos hombres sólo piden *Poder*, otros piden *Dinero*.

El amor al dinero, excluyendo todas las demás cosas, le convertirían en un ser maniático y desequilibrado. Cuando usted aspira únicamente a conseguir dinero y afirma: "El dinero lo es todo, es lo único que necesito; estoy poniendo todos mis esfuerzos en obtener dinero, sólo y unicamente dinero", realmente obtendrá el dinero y amasará una fortuna, pero ha olvidado que estamos aquí para llevar una vida equilibrada; es necesario satisfacer también las ansias de paz mental, armonía, bondad, alegría, salud perfecta; descubriréis también que es necesario dar expresión adecuada a vuestro escondido talento, sitio adecuado en la vida y sentir la alegría de contribuir al bienestar o azares de los demás.

Hacer del dinero vuestra única meta, es una idea errada. Ni tampoco es todo lo que necesita para luego encontrarse que a pesar de su esfuerzo no era el dinero ansiado lo único que necesitaba.

Aprendiendo las leyes de la mente subconsciente, tendréis uno o varios millones si lo queréis y además, obtendréis paz mental, armonía, salud y expresión perfectas, cuidando de mantener un equilibrio entre dinero y paz mental, sin que jamás por tenerlo vaya a perder un ápice de la paz serena fundamental.

LA POBREZA ES UNA ENFERMEDAD MENTAL

Cuando usted se encuentra enfermo pensará que algo anda mal dentro de dí; buscará ayuda y hará cualquier cosa por mejorar su condición física.

De la misma manera, si usted no tiene dinero circulando constantemente en su vida, hay algo radicalmente errado dentro de si.

La pobreza no es ninguna virtud, la pobreza es una enfermedad semejante a cualquier otro disturbio mental. No hemos nacido para vivir en un tugurio, vestir harapos o vivir con hambre.

El impulso del principio vital en todos nosotros nos lleva hacia el desarrollo, la expansión y vida más abundante. Todos y cada uno de nosotros debe ser feliz, próspero y lleno de éxito.

POR QUE NO DEBE JAMAS CRITICAR EL DINERO

Desligue su mente de toda convicción supersticiosa o sobrenatural sobre el dinero. No mire el dinero como algo sórdido, maléfico o impuro; si así lo hace, le saldrán alas y volará lejos de usted. Recuerde que usted pierde lo que condena. Se lo voy a repetir; no condene, sino lo quiere perder.

ADOPTE UNA ACTITUD MENTAL ADECUADA HACIA EL DINERO

He aquí una técnica sencilla que podéis usar para multiplicar el dinero. Diga varias veces al día la siguiente afirmación: "Me gusta el dinero, lo utilizo sabia, constructiva y adecuadamente. El dinero circula constantemente en mi vida, lo gasto con alegría y regresa a mí asombrosamente multiplicado. El dinero es bueno, formidable. El dinero llega a mí en torrencial abundante. Lo uso solamente para el bien y estoy satisfecho por mi bienestar y riqueza de mi mente".

COMO CONSIDERA EL DINERO UN PENSADOR CIENTIFICO

Supongamos que usted encuentra oro, plata, plomo, cobre o hierro en la tierra. ¿Diría usted que estas cosas son impuras? .

Toda maleza o impureza proviene del oscuro entendimiento del hombre, de su ignorancia, de su falsa interpretación de la vida, del uso equivocado de su mente subconsciente. Cualquier metal: uranio, plomo, etc., puede utilizarse como medio de intercambio. Usamos papel moneda, cheques, níquel y plata con seguridad que nada tienen de impuro. Los físicos y químicos saben que la única diferencia entre un metal y otro es el número y rata de movimiento de sus electrones girando alrededor de un núcleo central. Hoy día pueden convertir un metal en otro bombardeando sus átomos dentro de poderosos dispositivos conocidos como ciclotrones. El costo de tal transmutación es hoy día prohibitivo, pero puede hacerse. El oro bajo ciertas circunstancias puede convertirse en mercurio. Aún estoy por creer que en un futuro mediato nuestros científicos lograrán hacer sintéticamente cualquier metal en las probetas de su laboratorio. No puedo imaginarme a una persona inteligente viendo perversidad en electrones, neutrones, protones e isótopos.

Realmente el papel moneda o billete circulante sí se diferencia de las monedas metálicas que tiene en su bolsillo; porque el papel está compuesto de átomos y moléculas con electrones y protones cuyo número y rata de movimiento son diferentes.

COMO ATRAER EL DINERO QUE NECESITA

Hace algunos años me encontré en Australia a un joven que deseaba ser médico cirujano, pero no tenía recursos económicos.

Le expliqué la manera como una semilla depositada en la tierra atraía hacia sí todo lo necesario para su desarrollo; por lo tanto, todo lo que tenía que hacer era inspirarse en la lección dada por la semilla y sembrar la idea adecuada en su mente subconsciente. Para sostenerse, este brillante muchacho, hacía el aseo en consultorios médicos, lavando las ventanas y toda clase de menesteres.

Me contó que todas las noches, al acostarse, *enfocaba su ojo mental* en la imagen de un diploma de médico colocado en la pared con su nombre escrito en letras grandes. Mientras aseaba los consultorios, limpiaba cuidadosamente los diplomas de los médicos. No tardó en grabársele la imagen de un diploma en su mente, desarrollando dicha imagen en grado perfecto.

La conclusión de esta anécdota es muy interesante. Debido a su constancia dándole vueltas a su prototipo mental, a los cuatro meses comenzó a obtener resultados definidos. Uno de los médicos le tomó cariño y empezó a enseñarle la forma de esterilizar los instrumentos quirúrgicos, luego le entrenó en la forma de aplicar inyecciones, más tarde algunas normas de primeros auxilios, finalmente le tomó como su asistente técnico en el consultorio. Al poco tiempo lo envió a la escuela de medicina pagándole los gastos de estudio. Hoy es un famoso doctor en medicina en la ciudad de Montreal, Canadá.

¿Qué sucedió?

El muchacho obró según un antiguo refrán: "Vista la meta, tiene a su disposición todos los medios de alcanzarla". La meta en este caso era convertirse en médico-cirujano. En efecto: el muchacho fue capaz de ser médico, la sostuvo, la nutrió y manoseó hasta cuando su imaginación traspasó las capas del subconsciente, convirtiéndose en una convicción, con lo cual atrajo hacia él todo lo necesario para completar su sueño. En otras palabras: descubrió la ley de atracción causada por la mente subconsciente cuando se usa adecuadamente.

. POR QUE ALGUNOS NO OBTIENEN AUMENTO DE SALARIO

Si usted trabaja en una gran empresa y piensa en resentido silencio que su trabajo está mal pagado, que su labor no es apreciada, que usted merece mayor salario y consideración, inconscientemente está rompiendo su armonía con la empresa. Está acumulando la tormenta que pone en movimiento la ley cósmica de acción igual a reacción y en virtud de la cual, cualquier día el jefe de personal o directivo de la empresa le dirá: "Hemos resuelto que se vaya" o "Nos vemos obligados a prescindir de sus servicios". Aquí la acción ha sido su prototipo mental negativo y la reacción fue la respuesta de su mente subconsciente que utilizó al jefe de personal o directivo de la empresa como un medio para confirmar su propio pensamiento negativo. Esta es la realidad de lo que usted buscaba.

. DIFICULTADES Y OBSTACULOS EN EL CAMINO DE LA RIQUEZA

Con toda seguridad habéis oído a algunas personas decir: "Este Fulano . . . es un pícaro, un malhechor", "Es un tramposo, obtiene el dinero en forma deshonesta", "Le conocí cuando no tenía nada", "Es un tramposo, un ladrón, un pícaro".

Analizada la persona que así habla, descubriremos que es un resentido o está pasando por un mal momento económico o está enfermo. Probablemente sus condiscípulos subieron hasta el final de la escalera con éxito, dejándole rezagado; en la mayoría de los casos esta es la causa de su degradación, convertida ahora en un resentido y envidioso de su progreso.

Pensando negativamente de sus condiscípulos y condenando su prosperidad sólo consigue que el bienestar y prosperidad por la cual él suplica se desvanezcan y se alejen. ¡Está condenando lo que pide! .

. PROTEJA SUS INVERSIONES

Si buscáis la sabiduría en materia de inversiones o si estáis preocupados por vuestras especies valorizables (bonos, acciones, etc.) decid sosegadamente: "La Inteligencia Infinita gobierna y protege mis transacciones financieras; por tanto, siempre seré próspero". Hágalo con frecuencia y observe como sus inversiones serán siempre provechosas; además, estaréis protegidos contra toda pérdida, sabréis intuitivamente el momento propicio para vender vuestros valores.

. NADIE PUEDE RECIBIR ALGO POR NADA

En los grandes almacenes los gerentes emplean detectives para evitar que la gente les robe. A diario sorprenden a muchas personas que tratan de obtener algo sin que les cueste nada. Tales personas viven en una atmósfera mental de penuria y limitaciones y se roban a sí mismas la paz, armonía, fe, honestidad, integridad personal, buen nombre y confianza. Además, atraen a sí mismos, toda clase de inconvenientes, tales como: pérdida de carácter, prestigio social, y paz mental. Han perdido la convicción en la fuente de abundancia y la comprensión de cómo trabaja su mente. Si mentalmente llamaran los poderes de su mente subconsciente y suplicaran ser guiados hacia la verdadera expresión de sí mismos, encontrarían trabajo constante y abundancia. Entonces, por la honestidad, integridad y perseverancia se convertirían por sí mismos en un crédito para la sociedad.

. LA CONSTANTE PROVISION DE DINERO

El camino hacia la abundancia, la libertad y el constante suministro de dinero, está en reconocer los poderes de la mente subconsciente y la imagen mental o el poder creador del pensamiento. Es necesario que nuestra mente consciente acepte la idea de vida abundante. Nuestra aceptación mental y expectativa (convicción) de riqueza tienen sus propios métodos mecánicos y matemáticos de expresión. Cuando nuestra mente consciente adopte el estado de opulencia se manifestará todo lo necesario para una vida abundante.

Diga la siguiente afirmación diariamente, grábela en su consciencia: "Soy uno de tantos poseedores de la riqueza infinita de la mente subconsciente, con derecho a ser rico, feliz y próspero. El dinero llegará a mí libre, copiosa e interminablemente. Siempre seré consciente de mi verdadero valor; ofrezco sin regateos y me doy por bien recompensado. Es asombroso".

. RESUMEN DE LOS PUNTOS MAS SOBRESALIENTES

1. Sed lo suficientemente osados para reclamar vuestro derecho a la riqueza y vuestro subconsciente os honrará con su respuesta.

2. No queráis tener sólo lo suficiente para vivir. Queréis todo el dinero necesario para hacer todo lo que deseáis y cuanto queráis hacer con él. Aprended a conocer las riquezas de vuestro subconsciente.

3. Cuando el dinero circula libremente en su vida, usted está económicamente sano. Mire el dinero como el ir y venir de la marea; la marea es constante. Cuando baje, quédese convencido que volverá a subir. Así estaréis siempre en la abundancia.

4. Conociendo las leyes de la mente subconsciente, siempre estaréis en la abundancia, sin importar la forma que ésta llegue.

5. No se forme la idea de que el dinero es un Dios; sólo es un símbolo. Recuerde que la verdadera paz y riqueza están en su mente. Estamos aquí para gozar de una vida equilibrada, esto incluye la adquisición de todo el dinero que deseeis.

6. Una de las causas de que mucha gente se tenga que ajustar resignadamente a un estrecho presupuesto, es porque hablan despectivamente del dinero, y de las personas que lo póseen y disfrutan. Cuando usted critica el dinero, éste se aleja.

7. No hagáis del dinero vuestra única meta. Pedid la riqueza, felicidad, paz, convicción y bondad; irradiad el amor y la paz hacia los demás. La mente subconsciente os devolverá con interés compuesto, todo lo que solicitéis.

8. No existe virtud en la pobreza. Es una enfermedad mental y sólo vosotros mismos podéis desarraigar o curar esta enfermedad para siempre.

9. No estamos aquí para vivir en un tugurio, vestir harapos o vivir hambrientos. Estamos aquí para tener una vida abundante.

10. Jamás diga: "El dinero es impuro" o "desprecio el dinero". Si lo critica, lo pierde. En él nada hay de bueno ni malo, lo que de él

pensamos así será.

11. Repetid frecuentemente: "Me gusta el dinero, lo uso sabia, constructiva y adecuadamente, lo gasto con satisfacción y regresa a mí en torrente multiplicado miles de veces".

12. El dinero no es impuro así como no lo es el cobre, hierro, estaño, que hallamos en la tierra. Toda impureza se debe a la ignorancia del poder mental.

13. Visualice el resultado final que provocará su subconsciente al responder a su súplica y él cumplirá de acuerdo a esta imagen.

14. Cese en el esfuerzo de obtener algo sin dar nada. Nada es gratuito. Usted da para recibir. Ponga atención a la meta escogida, ideales e inversiones y su mente subconsciente lo respaldará. La clave de la riqueza es la aplicación sabia de las leyes de la mente subconsciente, impregnándola con la idea de riqueza.

La mente subconsciente como socio del éxito 11

. LA MENTE SUBCONSCIENTE COMO SOCIO DEL EXITO

Exito significa vida afortunada. Implica un nivel de vida pacífica, alegre y feliz.

La paz, armonía, integridad, seguridad y felicidad son verdades intangibles que vienen del *Yo* interno, del íntimo de cada hombre. Meditando sobre estas cualidades se arraigan estos tesoros en nuestro subconsciente.

"Haced tesoros dentro de sí donde la polilla ni el óxido corrompen; donde los ladrones no minen ni roben".

. LOS TRES PASOS HACIA EL EXITO

El primero sería descubrir qué cosa deseamos hacer, y hacerla. Alguien comentará: "Cómo puedo iniciar el primer paso, si no sé lo que quiero hacer? En este caso, suplique por una luz que lo guíe, afirmando: "La inteligencia Infinita de mi mente subconsciente me revelará mi verdadero sitio en la vida". Repita esta plegaria, sosegada positiva y convincentemente a su mente interna. Si lo hacéis convencido y constante, la respuesta llegará como un sentimiento, intuición o tendencia hacia cierta dirección. Llegará en forma tan clara, pacífica y en silenciosa sabiduría interior.

. EXITO ES EL AMOR AL TRABAJO

Imaginémonos un siquiatra; no le bastaría contentarse con el diploma colgado en la pared. Deberá mantenerse al día, asistir a convenciones y continuar estudiando e investigando los mecanismos de la mente, para que el siquiatra pueda obtener éxito, debe visitar clínicas y leer sobre los últimos avances de los métodos cada vez más modernos para aliviar el sufrimiento de los enfermos. El éxito del médico o siquiatra está en sentir constantemente la forma de aliviar a sus pacientes.

El segundo paso consiste en especializarse en alguna rama particular de su trabajo, tener conocimiento y comprensión cada vez más completos.

Por ejemplo; si un joven escoge la química como profesión, deberá concentrar todos sus esfuerzos en especializarse en una de las ramas de ella. Le debe dedicar todo el tiempo disponible y prestarle toda la atención a su alcance. Será tan entusiasta que buscará conocer todo lo que se pueda conocer y tratar de conocer y experimentar algo más de lo ya conocido. Este joven puede llegar a interesarse tanto en su trabajo hasta desear servirle a la humanidad.

"Aquel que desee ser mayor que vosotros se convertirá en vuestro sirviente". Hay una gran verdad en esta actitud mental diferente a la de aquel hombre que sólo quiere "pasar la vida" o "hacerla pasable". "Pasable" no es el éxito verdadero. La motivación del hombre debe ser mayor, más noble y más altruista. Debe servir a los demás.

El tercer paso es el más importante. Debe asegurarse que lo que quiere hacer no redunde solamente en beneficio propio. No debe ser egoísta; debe favorecer a sus semejantes. Debe formarse el camino de un circuito completo, cerrado. En otras palabras, su idea debe ir, lanzarse con el propósito de beneficiar o servir también a la humanidad. Entonces lo respaldará, unirá y se moverá con usted el subconsciente. Si sólo busca su beneficio, no se formará o completará el circuito cerrado y puede sufrir un cortocircuito en su vida, que lo conduzca a la limitación o malestares.

Al considerar estos tres pasos, jamás debéis olvidar el poder subconsciente de las fuerzas creativas de su mente subconsciente. Esto es, la energía que respalda todos los pasos en cualquier camino hacia el éxito.

Vuestro pensamiento es creador. La frase: "Conforme a vuestra fé os será hecho", significa el pensamiento unido a la convicción. El conocimiento de esta poderosa fuerza interna, que todos poseemos, es capaz de materializar todos los deseos, dando confianza y bienestar pacífico.

Cualquiera que sea vuestro campo de acción, es necesario que aprendáis las leyes de la mente subconsciente; sabiendo aplicarlas y cuando experimentéis el benefactor derecho de entregar vuestro talento a los demás, veréis el camino hacia el verdadero éxito. Si os ocupáis de asuntos religiosos o de una rama de ellos, la Infinita Divinidad, por su propia naturaleza, estará con vosotros; quien podría entonces oponerse a vosotros? Con este conocimiento no hay poder celestial o terrestre que se interponga en vuestro camino.

. LA MEDIDA DEL VERDADERO EXITO

Algunas personas dicen: "Pero el Señor James hizo su fortuna vendiendo aceite en forma fraudulenta". Un hombre encontrará fortuna por un tiempo, pero el dinero obtenido por fraude, generalmente se esfuma. Cuando robamos a otros, nos robamos a nosotros mismos, puesto que estamos en un estado espiritual de pesar y limitación que se manifestará por sí mismo en vuestro cuerpo, en el hogar y asuntos financieros. Lo que pensemos o sintamos lo creamos, creamos lo que pensemos.

Un hombre puede haber acumulado una fortuna fraudulenta, pero no será afortunado. No habrá ni éxito ni paz mental. ¿De qué le sirve haber acumulado una fortuna que no le deja dormir, vive enfermo o sufre complejo de culpabilidad? .

Conocí a un carterista en Londres que me contó sus hazañas. Había amasado una gran fortuna. Tenía una casa de verano en Francia y vivía lujosamente en Inglaterra. Los resultados de esta historia son asombrosos. Me contó que vivía constantemente con la idea de ser arrestado por Scotland Yard; el arraigado sentimiento de culpa le mantenía con su espíritu confuso, destrozado, sin paz interior. Su miedo y complejo de culpa eran la causa de todo; sabía que su comportamiento era malo, perverso. Un día decidió entregarse a la policía y cumplió la condena impuesta. Cuando salió en libertad, se sometió a un tratamiento de terapia mental, transformándolo sicológica y espiritualmente, convirtiéndose en un ciudadano honesto, viviendo de acuerdo con la ley; encontró el trabajo que le satisfacía, y logró encontrar la ansiada paz, siendo ahora feliz y dichoso.

La mayoría de los grandes industriales utilizan de manera correcta su mente subconsciente. Cuando imagináis un objetivo bien definido y claro recibiréis ayuda automática para realizarlo con el poder de trabajo de la mente subconsciente.

Una persona afortunada ama su trabajo y lo expresa así constantemente. El éxito depende más del elevado ideal que de la sola acumulación de riquezas. Un hombre rico es aquel que posee una gran comprensión psico-espiritual.

Hace algunos años se publicó un artículo sobre el magnate petrolero, Flagler. Admitió que el secreto de su éxito se debía a su habilidad para concebir un proyecto y a su tenacidad hasta concluirlo. Acostumbraba a cerrar los ojos, imaginándose una gran industria petrolera. Veía los vagones del ferrocarril cargados sobre los rieles, oía pitar la locomotora y veía el humo. Al visualizar todo ello y sentir la convicción, la respuesta de la mente subconsciente no tardaba en llegar.

. COMO REALIZAR LOS SUEÑOS

Un famoso actor de cine me contó que desde muy joven había soñado en convertirse en actor de cine, a pesar de su pobre educación.

En aquel entonces hacía labores de campesino en la granja de sus padres llevando el ganado, ordeñándolo, etc. Mientras hacía estos trabajos se decía a sí mismo: "Veo constantemente mi nombre en grandes letras luminosas en un importante teatro". Después de algunos años, se alejó de su hogar. Consiguió trabajo como extra en algunas películas y finalmente llegó el día en que vió su nombre realmente en letras luminosas en un teatro, tal como se lo había estado imaginando desde muchacho. Me recalcó: "sabía intuitivamente que un extraño poder respaldaría mi arraigada idea y ésto me condujo al éxito".

. LA FARMACIA SOÑADA

Hace treinta años conocí un farmacéutico que ganaba cuarenta dólares semanales, más una comisión sobre las ventas.

Al cumplir los veinticinco años de trabajo obtendría una pensión y se retiraría. Le aconsejé a este hombre: "Abra los ojos, por qué no instala su propia farmacia? Sería una buena oportunidad para educar a sus hijos. Quizás alguno quiera ser médico o alguna de sus hijas quiera ser una gran concertista".

Me respondió: "No tengo dinero". Pero esto despertó en él el hecho de que cualquier cosa que se concibiera como verdadera, tendría su materialización.

El primer paso hacia su meta fue sacar del letargo al poder de su mente subconsciente, siguiendo un proceso que le preparé para este fin. Su segundo paso fue admitir que era capaz de hacer y aceptar una idea para transferirla al subconsciente, de tal modo que se materializara.

Empezó por imaginarse que estaba en su propia farmacia. Mentalmente arreglaba las botellas, preparaba las fórmulas y veía a varios empleados despachando a los clientes. Visualizó también una gran cuenta bancaria. Trabajó mentalmente en su farmacia imaginaria; como gran actor vivió su propia película. Este farmacéutico puso tanto empeño en su visualización durante sus actuaciones mentales diarias, su vida, y movimientos como dueño de una farmacia, que la reacción no se dejó esperar y fue despedido del empleo que ocupaba. Entró a trabajar en una gran cadena de droguerías; poco tiempo después fue nombrado gerente general de la cadena de droguerías. En cuatro años economizó una buena suma de dinero y pudo dar la cuota inicial para obtener su propia farmacia, a la que llamó "La Farmacia Soñada".

Me dijo: "Era exactamente igual a lo que yo había soñado". Empezó a recoger el éxito porque era feliz trabajando en lo que le gustaba.

. UTILICE LA MENTE SUBCONSCIENTE EN LAS NEGOCIACIONES DIARIAS

Hace algunos años dicté una conferencia a un grupo de hombres de negocios sobre el poder de la imaginación y de la mente subconsciente. En esta conferencia expliqué la manera cómo utilizaba Goethe su imaginación, siempre que tenía obstáculos y dificultades.

Sus biógrafos dicen que acostumbraba a tener conversaciones imaginarias durante horas. Es bien conocida que su costumbre era imaginarse a un amigo sentado frente a él respondiéndole adecuadamente todas las preguntas. En otras palabras, si tenía algún problema se imaginaba a un amigo respondiéndole con acierto y propiedad, acompañado de voces y gestos, hacía una escena imaginaria tan completamente real como le fuera posible.

Entre los asistentes a mi conferencia se encontraba un joven, agente de bolsa o corredor de valores. Procedió a practicar la técnica de Goethe. Comenzó a tener conversaciones mentales, imaginarias, con amigos banqueros y multimillonarios quienes le felicitaban por su sabio juicio y buenas ventas de valores bursátiles. Dramatizó estas conversaciones hasta fijarlas como una convicción mental.

La conversación interior y su imaginación controlada se acoplaron admirablemente con su ser interior que le hizo conseguir el sitio adecuado entre sus clientes. Su propósito principal en la vida era enriquecer a sus clientes y verlos prosperar financieramente por sus sabios consejos. Aún utiliza su mente subconsciente en las negociaciones y tiene asegurada una brillante fortuna en ese campo comercial.

. EL JOVEN DE DIECISEIS AÑOS QUE CONVIRTIO SU FRACASO EN EXITO

Un joven de dieciséis años que hacía sus estudios secundarios me contó: "Estoy sacando notas malísimas. Falla mi memoria y no sé qué hacer". Le descubrí un solo error que le mantenía en su estado actual. Era su actitud hacia algunos profesores y condiscípulos, plasmada como una indiferencia o resentimiento. Le sugerí entonces utilizar su mente subconsciente, para lograr el éxito que buscaba en sus estudios.

Empezó por afirmar ciertas verdades, varias veces al día y con más ahinco poco antes de dormirse y en la mañana al despertarse. Los mejores momentos para impregnar la mente subconsciente.

Decía: "Estoy seguro de que mi mente subconsciente es un depósito de la memoria. Retiene cualquier cosa que lea u oiga de mis profesores. Tengo una memoria perfecta y la Inteligencia Infinita de mi mente subconsciente me revelerá en todo momento lo que necesite saber cuando entre a los exámenes, sean orales o escritos. Irradio amor y buena voluntad hacia mis profesores y condiscípulos; les deseo el mismo éxito y fortuna para mí anhelo".

Este joven tiene ahora un mayor bienestar y siente más felicidad que antes. Todas sus calificaciones son excelentes; su madre y profesores lo felicitan por lo afortunado que es como estudiante.

. COMO CONVERTIRSE EN UN BUEN COMPRADOR Y EN UN BUEN VENDEDOR

Al comprar y vender, recuerde que su mente consciente es el

arranque y su mente subconsciente el motor. Es necesario poner en marcha el motor para que pueda ejecutar su trabajo. La mente consciente es el dinamo que despierta el poder de la mente subconsciente.

Hay muchas formas de recibir la respuesta; el hecho primordial está basado en la convicción de que se ha de recibir respuesta a través de invisible trabajo que ejecuta la mente subconsciente. Puede llegarle a través de un clasificado en el periódico, de un amigo o puede ser guiado hacia un sitio en donde encontrará exactamente lo que usted busca.

El primer paso es transferir a la mente subconsciente un deseo, idea o imagen clara y definida de lo deseado; lo cual se consigue inmovilizando el pensamiento, enfocando la atención, estando tranquilo y reposado. Este estado de la mente relajada, tranquila y sosegada evita la presencia de ideas falsas o extrañas que interfieren la absorción mental de su anhelo. Además, en esta actitud de reposo, pasiva y receptiva, se reduce al mínimo cualquier esfuerzo.

El segundo paso, es empezar a imaginarse la realidad como un hecho del deseo o prototipo mental. Por ejemplo: desea comprar una casa; afirme en estado de relajación mental: "La Inteligencia Infinita de mi subconsciente es sabia, me revelará ahora la casa ideal, bien localizada y que esté de acuerdo con todos mis deseos y esté al alcance de mis posibilidades. Estoy enviando esta súplica a mi mente subconsciente y ella me responderá de acuerdo a mis deseos. Se la transfiero con la misma absoluta convicción que un agricultor deposita su semilla en la tierra, esperando se cumplan las leyes del crecimiento".

. SI DESEA VENDER UNA CASA O CUALQUIER PROPIEDAD RAIZ

En una conferencia que dicté a corredores de bienes raíces les conté la forma como vendí mi casa en la Avenida Orlando de los Angeles, California. Muchos han aplicado esta técnica con resultados notables y rápidos.

Coloqué en el jardín un aviso que decía: "Se vende por el propietario". (sin intermediario). Al día siguiente, cuando me acosté me dije: "Supongamos que vendiera la casa, qué haría? ". Respondiéndome a mí mismo, dije: "Tomaría el aviso que puse en el jardín y lo tiraría al garaje". En mi imaginación cogí el aviso, lo arranqué del piso, me lo eché a las espaldas, fuí al garaje y lo tiré al piso y le dije sonriéndome: "Ya no te necesito más". Sentí la interna satisfacción de haber cerrado la venta. Al día siguiente un señor me depositó mil dólares y me dijo: "Quite el aviso y hagamos las escrituras".

Inmediatamente quité el aviso y lo llevé al garaje. La acción externa estaba de acuerdo con la acción interna. Nada de nuevo hay en esto. Como había sido por dentro, fue por fuera, es decir, la imagen impresa en la mente subconsciente se reproduce en la pantalla objetiva de su vida. El exterior refleja el interior. La acción externa sigue a la acción interna.

He aquí otra forma muy popular utilizada para vender propiedades.

Afirme lenta, sosegada y convincentemente: "La Inteligencia Infinita atrae hacia mí el comprador por la Inteligencia Creadora de mi mente subconsciente que no se equivoca jamás. Este comprador podrá visitar otras casas, pero la mía es la única que querrá comprar, puesto que está guiado por la Inteligencia Infinita dentro de él. El comprador sabe que su construcción, localización y distribución están de acuerdo a su precio. Todo en ella es perfecto. Las corrientes más profundas de mi mente subconsciente están ahora en la operación de ponerme en contacto con el comprador por orden divina, estoy seguro que así será hecho".

Recuerde siempre: Lo que usted está buscando lo está buscando a usted y si quiere vender una propiedad de cualquier tipo, siempre hay alguien que necesita lo que usted ofrece. Usando el poder de su mente subconsciente adecuadamente, usted libera su mente de todo sentido de competencia y ansiedad en comprar y vender.

. COMO TUVO EXITO EN OBTENER LO QUE DESEABA

Una joven asidua a mis conferencias tenía que tomar tres buses, uno cada media hora, antes de llegar al sitio donde yo dictaba las clases. En una de ellas expuse la forma de cómo un joven al necesitar un vehículo para transportarse durante su trabajo lo había conseguido.

Ella, ni corta ni perezosa, comenzó a practicar la experiencia tal como yo la había expuesto. Me ha permitido publicar su carta, donde narra como aplicó la técnica:

Estimado doctor Murphy:

"Fue así como obtuve un automóvil Cadillac. Necesitaba un vehículo para poder asistir con puntualidad a sus conferencias. Visualicé todo el proceso de conducir un vehículo, como si en realidad lo estuviera conduciendo. Fuí a la sala de exhibiciones de un concesionario y el vendedor me dejó conducir uno de éstos en demostración; conduje el vehículo varias cuadras mientras suplicaba: "Este Cadillac que conduzco será mío", lo dije una y otra vez mientras lo conducía".

"Continué nutriendo unas dos semanas esta imagen mental, montando al vehículo, conduciéndolo, sintiendo su agradable tapicería . . ." "Un buen día me informaron que un tío mío que residía en Inglewood, había muerto legándome su Cadillac y todos sus bienes. La última semana pude asistir a sus conferencias transportándome en mi propio automóvil".

. TECNICA EXCELENTE UTILIZADA POR EMINENTES HOMBRES DE NEGOCIOS

Hay muchísimos hombres de negocios que utilizan silenciosamente el término abstracto "éxito"; una y otra vez y muchas veces en el día hasta lograr la convicción que el éxito es suyo. Así mismo puede usted comenzar ahora a repetir en forma convincente y para usted mismo la palabra "éxito". El subconsciente lo aceptaría como algo realmente suyo y bajo impulso inconsciente llegará el éxito.

Usted está obligado a expresar sus sentimientos, impresiones y convicciones. ¿Qué le implicaría a usted el éxito? . Es indudable que deseará tener éxito en su hogar y en sus relaciones con los demás; deseará tener un trabajo o profesión estable. Deseará poseer una hermosa casa y todo el dinero que usted necesita para vivir cómoda y felizmente. Deseará tener éxito en su cotidiana plegaria y en su contacto con los poderes de su mente subconsciente.

Usted también es un hombre de negocios puesto que está en el ir y venir de la vida. Se convertirá en un negociante al imaginarse a sí mismo haciendo lo que le gusta hacer y poseyendo las cosas que desea poseer. Conviértase en un imaginador constante; participe mentalmente de la realidad del estado de éxito. Hágalo un hábito.

. RESUMEN DE LOS PUNTOS MAS SOBRESALIENTES

1. Exito significa vida afortunada. Cuando está lleno de paz, dichoso y haga todo lo que le guste hacer, tendrá éxito.

2. Busque lo que le guste hacer, y entonces hágalo. Si usted no conoce su verdadera expresión, pida ayuda y ella le llegará.

3. Especialícese en un campo particular y trate de conocer el trasfondo de esa especialidad, más que cualquier otra cosa.

4. El hombre afortunado no es agoísta; su principal deseo es ayudar a la humanidad.

5. No hay verdadero éxito sin paz mental.

6. El hombre afortunado posee una gran comprensión espiritual y sicológica.

7. Si usted imagina un objetivo claramente definido todo lo necesario le será provisto para poder alcanzarlo a través del asombroso poder de su mente subconsciente.

8. Su pensamiento unido a la convicción se convierte en una ciencia subjetiva y de acuerdo a su "fé así será hecho".

9. El poder de una imaginación sostenida es causa de que salgan a trabajar para usted los asombrosos poderes de la mente subconsciente.

10. Si usted busca promoción en su trabajo, imagínese ser un empleado, supervisor o desee un traslado o cambio de puesto. Fórmese una imagen vívida y real. Oiga las voces, vea los gestos, y sienta la realidad de todo esto. Continúe haciéndolo frecuentemente y ocupe constantemente su mente con el prototipo mental deseado, se alegrará de obtener la respuesta.

11. Su mente subconsciente es un almacén de memoria. Para una memoria perfecta, afirme con frecuencia: "La Inteligencia Infinita de mi mente subconsciente me revelará lo que quiero saber cada vez que sea necesario y cualquier cosa que sea".

12. Si usted desea vender una propiedad cualquiera que sea, afirme lenta sosegada y convincentemente: "La inteligencia infinita atraerá hacia mí el comprador para esta casa, alguien que la necesita y que progresará con ella". Sostenga esta frase y las corrientes más profundas harán que esto suceda.

13. La idea de éxito contiene todos los elementos de éxito. Repita la palabra "éxito", a usted mismo frecuentemente con la convicción y tendrá la suficiente compulsión subconsciente para lograr el éxito.

Los científicos y sabios utilizan la mente subconsciente 12

La investigación ha demostrado la manera de poner en acción el poder subconsciente determinando el éxito de todos los grandes investigadores y científicos.

Muchos sabios comprendieron la verdadera importancia de la mente subconsciente que les dió la "vista" interna y "el cómo saber" necesarios, como también lo fueron para todos los grandes sucesos del progreso universal.

Un ejemplo de cómo un famoso químico, Fredrich von Stradonitz, usó la mente subconsciente al resover un problema así: Había trabajado árduamente durante mucho tiempo para combinar los seis átomos de carbono y los seis átomos de hidrógeno en la fórmula de la "benzina"; se encontraba desorientado, perplejo, sintiéndose incapaz de resolver el asunto. Cansado y exhausto transfirió el problema a su mente subconsciente. Poco tiempo después, cuando él estaba por abordar un bus en Londres, su subconsciente le presentó a su mente consciente la idea repentina como un relámpago: una serpiente mordiéndose su propia cola girando alrededor como una rueda en su eje. Esta respuesta, desde su mente subconsciente, le dió la solución circular de los átomos que se conocen con el nombre de anillo de benzina.

. COMO CONCIBIO SU INVENTO UN SABIO

Nicolás Tesla, brillante científico obtuvo las invenciones más célebres. Cuando la idea para una nueva invención llegaba a su mente, la acariciaba en su imaginación, sabiendo que su mente subconsciente la reconstruiría y revelaría a la mente consciente todas las partes necesarıas para consolidarla en forma concreta. Visualizando sosegadamente cada imprevisto posible, no perdía el tiempo en corregir los defectos y fue capaz de dar a los técnicos el producto perfecto de su mente.

"Indudablemente mi invención marcha como me la imaginé, en veinte años no ha habido una sola excepción".

. COMO RESOLVIO SU PROBLEMA UN FAMOSO NATURISTA

El profesor Agassis, un distinguido naturalista americano, descubrió las infatigables actividades de su mente subconsciente mientras dormía. En su biografía, escrita por su esposa, se relata lo siguiente: "Había estado dos semanas esforzándose en descifrar una difusa impresión de un pez fósil preservado sobre una losa adecuada. Confuso y fatigado, lo dejó a un lado y trató de olvidarlo. Poco después se despertó convencido de que había visto su pescado con todas las partes borrosas totalmente restauradas. Trató de retener la imagen pero escapó fugaz de su mente. Por la mañana temprano fue al Jardín Botánico, creyendo que al estudiar nuevamente la impresión, vería algo que le pusiese sobre la pista de la visión que acababa de tener. Fué en vano; el borroso recuerdo estaba tan oscuro como antes. La noche siguiente volvió a ver el pez, pero sin resultado satisfactorio, cuando se despertó la imagen desapareció de su memoria tal como le había sucedido antes. Con la esperanza de que la experiencia se volviera a repetir, esa noche colocó un lápiz y papel cerca a la cama antes de dormirse. En efecto, hacia la madrugada el pez reapareció en su sueño, confusamente al principio, pero luego se hizo tan nítido que ya no había duda de sus características zoológicas. Aún medio dormido, y en la oscuridad, trazó sus formas principales sobre el papel que ya tenía preparado. En la mañana se sorprendió al constatar su esquema dibujado en estado de somnolencia, pensando que era casi imposible. Se precipitó hacia el Jardín Botánico y tomando el bosquejo como guía pudo cincelar la superficie de la piedra bajo la cual estaban ocultas las partes faltantes del pez; mi esposo entonces pudo clasificarlo fácilmente".

. COMO UN DESTACADO MEDICO RESOLVIO EL PROBLEMA DE LA DIABETES

Hace algunos años recibí el recorte de una revista donde se describía la forma u origen del descubrimiento de la insulina. En esencia el artículo decía:

Hace algunos años el famoso doctor médico-cirujano Frederick Banting, concentró su atención sobre los resultados con esta enfermedad. Una noche, se durmió muy cansado. Mientras dormía su mente subconsciente le sugirió extraer el residuo de las glándulas pancreáticas degeneradas de los perros. Fue el origen de la insulina, que ayudó a millones de personas.

Observe cómo el doctor Banting había estado conscientemente empapado del problema mientras encontraba una solución, una salida; el subconsciente le respondió, tal como él lo deseaba.

No queremos decir que la respuesta llegue inmediatamente después de formular la súplica. Puede que se demore algún tiempo. No se descorazone; acaricie, visualice, trabaje todas las noches con el problema tratado, transportando a la mente subconsciente y como si nunca lo hubiese hecho.

Una razón para la demora puede estar en el hecho de que usted considera su problema como algo mayor de lo que es, pensando que su solución tomaría mucho tiempo.

El subconsciente no conoce ni tiempo ni espacio. Al dormirse hágalo con la convicción de que la respuesta será inmediata. No postule su súplica para el futuro.

Tenga la convicción de que llegará; convénzase en este momento, mientras lee el libro que hay una respuesta y una solución perfecta para usted.

. COMO SE ESCAPO DE UN CAMPO DE CONCENTRACION RUSO UN CIENTIFICO Y FISICO FAMOSO

El doctor Lothar von Blenk - Schmidt, miembro de la Rocket Society, presentó un informe; damos a continuación un resumen con los pormenores de la evasión de un campo ruso de prisioneros.

"Era prisionero de guerra en una de las minas de carbón rusas y ví cómo murieron a mi alrededor muchos hombres. Estábamos custodiados por guardias brutales, oficiales arrogantes y comisarios que pensaban y actuaban con mucha rapidez. Después de un chequeo médico, a cada prisionero se le imponía una tarea diaria y cierta cantidad de carbón. Mi cuota era de trescientas libras diarias. En caso de que alguno no pudiese cumplir con el cupo impuesto, la ración de alimentos era disminuída y esto sucedía tan a menudo que al poco tiempo el individuo reposaba en el cementerio".

"Empecé a concentrarme en la forma de escapar. Sabía que mi mente subconsciente hallaría la manera. Mi hogar en Alemania había sido destruído; todos los miembros de mi familia habían muerto; mis amigos y socios también habían sido aniquilados en la guerra o estaban en campos de concentración".

"Dije a mi subconsciente: quiero ir a Los Angeles y tú vas a buscarme la forma. Visualicé Los Angeles, ví varios paisajes y paseé por las avenidas; ví los edificios que yo podía recordar. Por las mañanas y las noches me veía caminando por Wilshire Boulevard con una muchacha norteamericana que había conocido en Berlín antes de la guerra (ella ahora es mi esposa). En mi imaginación visité tiendas, viajé en bus y comí en restaurantes. Cada noche recalcaba especialmente la conducción imaginaria de un automóvil americano por todas las avenidas, que recordaba de Los Angeles. Lo hacía tan vívida y tan real como podía. Llegaron a ser tan reales como los árboles que rodeaban el campo de prisioneros".

Todas las mañanas, el jefe de guardia contaba los prisioneros mientras hacíamos fila. Decía uno, dos, tres . . ., hasta llegar a setenta que era mi número; dí un paso hacia un lado. Ese día, mientras hacía el conteo, el guardia fué llamado por unos minutos y regresó, empezando a contar de nuevo diciendo setenta, y respondió el hombre que me seguía. Cuando el grupo regresó por la tarde, el número de personas era el mismo y no fué descubierta mi evasión sino mucho tiempo después".

"Caminé fuera del campo de prisioneros sin ser visto y anduve veinticuatro horas; descansé en una torre abandonada. Sobreviví pescando y matando algunos animales salvajes. Luego hallé un paso de trenes que transportaba carbón hacia Polonia; viajaba en ellos durante la noche y me escondía durante el día, hasta que finalmente llegué a Polonia. Ayudado por algunos amigos, pasé a Lucerna en Suiza".

"Una tarde en el Palace Hotel de Lucerna, hice amistad con un matrimonio americano. Me invitaron a su casa de Santa Mónica, California. Acepté, y cuando llegué a Los Angeles, me asombré pues el chofer me condujo por Wilshire Boulevard y otras avenidas que ya había visualizado; me pareció que ya había estado haciendo ese recorrido en Los Angeles. Había logrado mi objetivo".

"Jamás he dejado de valorar el asombroso poder del subconsciente. Realmente nada sábemos de él; tiene infinitos caminos todavía desconocidos."

. COMO HAN RECONSTRUIDO LUGARES ANTIGUOS LOS ARQUEOLOGOS Y PALEONTOLOGOS

Estos científicos reconocen que la mente subconsciente tiene la memoria de todo lo que ha acontecido. Cuando estudian las antiguas ruinas o fósiles, mediante su percepción imaginativa, su mente subconsciente les ayuda a reconstruir las antiguas escenas. El pasado ya muerto revive y muchas veces se hace sensible. Mirando los antiguos templos y estudiando las cerámicas, estatuas, herramientas y utensilios domésticos de estas épocas tan antiguas, los científicos nos cuentan de una era en la cual no había lenguaje; la comunicación se hacía por señas, gruñidos o gritos.

La profunda concentración e imaginación disciplinada de los científicos despiertan los poderes latentes de su mente subconsciente capacitándolos para revestir los antiguos templos con techos, y rodearlos de jardines, piscinas y fuentes. Los restos fósiles son revestidos de músculos, ojos, caminan y hablan de nuevo. El pasado se convierte en un presente vívido y hallamos que para la mente no hay tiempo ni espacio. La imaginación entrenada, controlada y dirigida puede ser la compañera de los pensadores más científicos e inspirados de todos los tiempos.

. COMO RECIBIR LA GUIA DEL SUBCONSCIENTE

Cuando usted llegue al término "difícil de hacer" o cuando vea la solución a su problema como un fracaso, empiece a pensar constructivamente sobre ella. Si usted está temeroso o preocupado, realmente no está pensando. El verdadero pensamiento es aquel que está libre de todo temor.

He aquí una técnica simple que puede usar para recibir la guía a cualquier sujeto: Tranquilice su mente y todo su ser; ordénele relajación a su cuerpo y se verá obligado a obedecerle. Su cuerpo es un disco emocional en cuyas grabaciones están sus creencias e impresiones.

Movilice su atención; enfoque su pensamiento sobre la solución a su problema. Trate de resolverlo con su mente subconsciente. Piense en la alegría que le daría la solución perfecta; sienta la convicción de que usted tendrá la respuesta, siéntala con este estado anímico en una forma relajada; entonces, quédese dormido. Cuando se despierte y no tenga la respuesta, ocúpese de otra cosa. Probablemente es casi seguro que cuando menos lo espere o mientras usted esté ocupado en algún otro quehacer, surgirá la respuesta como un relámpago, de un momento a otro, como surge la tostada de una tostadora.

La mente subconsciente siempre responde si se le tiene confianza. Para que la mente subconsciente le guíe busque la forma más sencilla.

Una vez perdí un valioso anillo que era recuerdo de familia. Lo busqué por todas partes en vano, no lo encontré. Por la noche al acostarme, hablé a mi subconsciente de la misma manera que hablo con cualquier persona: "Tú sabes todas las cosas; tú sabes donde está el anillo y ahora me revelarás donde está". Por la mañana al despertarme, sentí como si alguien me susurrara al oído: "Pregúntale a Robert". Pensé que era bastante extraña la idea de preguntarle a un niño de nueve años de edad, Robert. Sin embargo, seguí el impulso interior, la corazonada que había sentido al despertarme. Preguntándole a Robert sobre el anillo, éste me contestó: "Oh, sí, lo encontré ayer en el jardín mientras jugaba con unos amigos; lo coloque en el escritorio de mi cuarto; no dije nada porque pensé que era algo que no tenía valor".

. COMO EL SUBCONSCIENTE LE REVELO DONDE ESTABA EL TESTAMENTO DE SU PADRE

Asistía a mis conferencias un joven que tuvo esta experiencia: Su padre murió y parece ser que no había dejado testamento. Sin embargo, su hermana le dijo que su padre le había confiado que había hecho un testamento tratando de ser justo con todos sus familiares. Cualquier esfuerzo para encontrar el testamento habría sido inútil.

Antes de dormirse habló con su mente subconsciente así: "Transfiero mi problema a la mente subconsciente, ella sabe exactamente dónde se encuentra y me lo revelará". Entonces condensó su súplica en una palabra "Respuesta", repitiéndola una y otra vez como un disco rayado. Se arrulló a sí mismo al dormirse con la palabra "respuesta". Una mañana tuvo una corazonada; se dirigió hacia un banco de Los Angeles en donde encontró una cajilla de seguridad registrada a nombre de su padre, donde estaba el testamento.

Su pensamiento, al dormir, levanta el poder latente que está dentro de usted: Supongamos que usted se pregunta si debe vender su casa; comprar acciones, terminar con la compañía, irse a vivir a New York o a Los Angeles, disolver el presente contrato o tomar uno nuevo. Haga esto: Siéntese tranquilamente en un sillón cómodo o en la silla de su escritorio. Recuerde que hay una luz universal de acción y reacción. La acción es su pensamiento, la reacción su respuesta de la mente subconsciente; la mente subconsciente es reactiva y reflexiva, esta es la naturaleza. Ella responde, recompensa y vuelve a pagar es la ley de la correspondencia. Le responde por corresponder a su pregunta cuando usted esté convencido de que su acción es verdadera, automáticamente experimentará una reacción o respuesta dentro de sí mismo que representará la guía o contestación de su mente subconsciente.

Al buscar una ayuda, piense tranquilamente en la acción justa o correcta, es decir, que usted está usando la Inteligencia Infinita en la mente subconsciente hasta el punto en donde empiece a usarla. Desde este momento, su curso de acción será dirigido y controlado por la sabiduría subjetiva dentro de usted, que es omnisapiente y omnipotente. Su decisión será correcta y habrá sólo una acción correcta puesto que está bajo compulsión subjetiva de hacer las cosas correctamente. El uso de la palabra compulsión se debe a que la ley del subconsciente es la compulsión, el apremio.

. EL SECRETO DE COMO SER GUIADO

El secreto de recibir guía o ayuda del subconsciente, está en la convicción de sí mismo de obtener siempre una respuesta correcta; observe que la respuesta siempre llega a usted, como un sentimiento, una intuición, una corazonada, un impulso interior, un sentimiento de que lo que está haciendo es así. Usted empieza a utilizar el poder en cuanto comienza a usarlo. No es posible fallar o dar un paso en falso mientras obre bajo la acción de la sabiduría subjetiva dentro de usted. Encontrará que todas sus formas, maneras y caminos son placenteros y llenos de paz.

. RESUMEN DE LOS PUNTOS MAS SOBRESALIENTES

1. Recuerde que la mente subconsciente ha decidido el éxito y descubrimientos asombrosos de todos los grandes científicos.

2. Poniéndole atención consciente y dirección a la solución de un problema complejo, su mente subconsciente le suministrará toda la información y le dará el resultado a la mente consciente.

3. Si usted está perplejo ante un problema y no encuentra la respuesta, trate de resolverlo objetivamente. Obtenga toda la información que pueda de la investigación y también de otras formas. Si la respuesta no llega, transfiérala a su mente subconsciente antes de dormir y la respuesta le llegará. Nunca falla.

4. La respuesta no llega siempre de un día para otro. Mantenga transfiriendo su pregunta a su mente subconsciente hasta el día en que llegue y las sombras se desvanezcan.

5. Usted retarda la respuesta pensando que ella tardará en llegar porque el problema es muy grande. La mente subconsciente no tiene problemas, ella sólo sabe la respuesta.

6. Crea que la respuesta ya la encontró y la manera como se sentiría si ya la tuviese; la mente subconsciente le responderá según su modo de sentir.

7. Cualquier imagen mental, respaldada por la convicción y la constancia, se manifestarán a través del asombroso poder de trabajo de la mente subconsciente. Impúlselo, crea en su poder y asómbrese de lo que suceda cuando reciba la respuesta.

8. Su subconsciente es el archivo de la memoria, dentro de su sub-

consciente están archivados todas las experiencias vividas desde su niñez.

9. Los científicos, meditando sobre los antiguos manuscritos, fósiles, etc., son capaces de reconstruir escenas del pasado y hacerlas revivir. Su mente subconsciente viene en su ayuda.

10. Transfiera el problema a la mente subconsciente, antes de dormirse. Confíe y crea en ella; la respuesta vendrá. Ella lo conoce todo y lo ve todo, usted no debe dudar de su poder.

11. La acción es su pensamiento y la reacción es la respuesta de su mente subconsciente. Si sus pensamientos son sabios, sus acciones y decisiones serán correctas.

12. La ayuda o guía vendrá como un sentimiento interno, una corazonada o impulso, le dirá esto es así, usted sabe que lo sabe sin saber por qué: Es un sentimiento interior. Sígalo.

El subconsciente y las maravillas del sueño 13

EL SUBCONSCIENTE Y LAS MARAVILLAS DEL SUEÑO

De las veinticuatro horas del día pasamos durmiendo ochó, es decir, una tercera parte de la vida. Es una ley inexorable que se aplica también a los reinos animal y vegetal. Dormir es una ley divina, y muchas respuestas a nuestros problemas nos llegan durante el sueño, cuando estamos profundamente dormidos.

La teoría de muchas personas es que dormimos para recuperarnos de la fatiga diaria.

Nada reposa durante el sueño; el corazón, pulmones y todos los órganos vitales siguen funcionando mientras usted duerme. Cuando usted come, antes de acostarse, el alimento es digerido y asimilado durante el sueño; también la piel suda, y las uñas y cabellos crecen.

La mente subconsciente nunca duerme ni reposa; siempre está activa, controlando todas las fuerzas vitales.

El proceso curativo toma lugar rápidamente mientras dormimos, por cuanto no hay interferencias de su mente consciente. *Por esto las respuestas vitales se obtienen durante el sueño.*

. QUE SUCEDE CUANDO DORMIMOS

El doctor John Bigelow (1), famosa autoridad en la investigación sobre el sueño, demostró que en la noche mientras dormimos

---

(1) The Mystery of Sleep, Dr. John Bigelow, New York and London; Harper Brothers, 1903.

recibimos impresiones mostrando que los nervios ópticos, oídos, nariz, gusto y los nervios del cerebro están muy activos durante el sueño.

El doctor Bigelow dice que la principal razón por la cual dormimos es porque "la parte más noble del alma se une por abstracción a nuestra naturaleza más elevada y se convierte en partícipe de la sabiduría y presciencia de los dioses".

El doctor Bigelow establece también: "El resultado obtenido por mis estudios no sólo han afirmado mi convicción de que la supuesta exención de las tareas y actividades habituales no son el propósito final del sueño, sino también han aclarado mi concepto en cuanto a que ninguna parte de la vida del hombre merece ser considerada más indispensable a su desarrollo espiritual, simétrico y perfecto que el período durante el cual está separado de los fenómenos del mundo: el sueño".

. PLEGARIA, UNA FORMA DE DORMIR

La mente subconsciente se ve implicada en las molestias, luchas y obstáculos diarios. Es muy necesario abstraerse periódicamente del mundo objetivo y "comunicarse" silenciosamente con la sabiduría interior de la mente subconsciente.

Pidiéndole guía, ayuda, fortaleza y mayor inteligencia en su vida, podrá vencer sus dificultades y resolver sus problemas a diario.

Este regular retiro, al aislarse del ruido y la confusión de la vida diaria es también una manera de dormir; es decir, usted llegará a dormirse olvidando el mundo de los sentidos y vivir con la sabiduría y potencia de su mente.

. EFECTOS CAUSADOS POR EL INSOMNIO

La pérdida del sueño puede convertirle en una persona irritable, caprichosa y deprimida. El doctor George Stevenson de la National Association for Mental Health, (Asociación Nacional para la Salud Mental), dice: Podemos decir con seguridad que todos los seres humanos necesitan un mínimo de seis horas de sueño para permanecer sanos; algunas personas necesitan más. Aquellas personas que dicen poder dormir menos, posiblemente logren enloquecerse a sí mismos.

Los científicos dedicados a la investigación del proceso del sueño y a la privación de éste, señalan el insomnio como algo grave, pues precede a la rotura sicótica. Recuerde usted que está recargado espiritualmente durante el sueño, y el sueño adecuado es esencial para producir alegría y vitalidad en la vida.

. USTED NECESITA DORMIR MAS

Robert Obrien publicó un artículo titulado "Quizá usted necesita dormir más", donde relata el siguiente experimento sobre el sueño:

"En los últimos tres años se han hecho experimentos con algún progreso en Walter Redd Army Institute of Research de Washington, D. C.".

"Unos cien sujetos voluntarios (entre civiles y militares) se han mantenido despiertos durante cuatro días. Se tomaron miles de pruebas, midiéndose los efectos que puede producir esta falta de sueño tanto en el comportamiento como en la personalidad. Los resultados obtenidos dieron a los investigadores nuevos puntos de vista sobre el misterio del sueño".

"Ahora saben que el cerebro cansado graba el deseo ansioso del sueño como una necesidad que sacrificará cualquier cosa por dormir. Después de algunas horas de no dormir, se presentan los microsueños, sueños cortos, con una frecuencia de cada tres o cuatro horas y una duración de fracciones de segundos; tal como el sueño real, se atenúa el ritmo cardíaco y se cierran los párpados, hay un ligero cabeceo. A medida que se continuaba con el período de privación, los microsueños se presentaron más a menudo, con duración de tres o cuatro segundos; en algunas ocasiones se presentaron lagunas o períodos de inconsciencia, en otras se presentaron imágenes o ensueños furtivos. Si estos sujetos hubiesen estado piloteando un avión en una tormenta, no hubiesen podido resistir a estos preciosos segundos de microsueños y esto le ha podido o le puede suceder a usted, tal como lo pueden confirmar quienes se han estrellado mientras conducen un vehículo".

"Otro de los efectos importantes en la privación del sueño es su ataque a la memoria y a la percepción. Muchos de los sujetos no pudieron retener en la memoria la información, repetida durante varios minutos, relacionada con la tarea que debían cumplir. Estaban completamente aturdidos ante situaciones en donde necesitaban mantener varios factores en su mente y debían actuar de acuerdo con éstos; tal como el comportamiento eficaz de un piloto cuando coordina con maestría la dirección del viento, velocidad del aire, altura y recorrido y planeo para hacer un buen aterrizaje".

. EL SUEÑO TRAE CONSEJO

Una joven de Los Angeles aficionada a mis charlas radiofónicas matinales, me contó que le habían ofrecido una posición lucrativa doblándole su salario, en New York. Estaba confusa y no sabía si aceptar o nó; antes de dormir dijo: "La Inteligencia Creadora de mi mente subconsciente sabe qué me conviene más. Su tendencia es cuidar de nuestras vidas y me revelará lo más conveniente, si debo irme o nó. Doy gracias por la respuesta que me llegará". Repitió esta sencilla plegaria una y otra vez hasta quedarse dormida. A la mañana siguiente sintió un constante deseo de no aceptar el ofrecimiento. Lo rechazó y las consecuencias subsiguientes verificaron su presentimiento, por cuanto la compañía que le había hecho el ofrecimiento quebró poco después.

La menteconseciente puede tener razón sobre hechos objetivos conocidos, pero la facultad infinita de la mente subconsciente conoce la falla del problema propuesto y actúa de acuerdo con ella.

. SALVADO DE UN DESASTRE

El doctor Rhine, director del Departamento de Sicología en la Duke University, ha reunido una gran cantidad de testimonios que demuestran que un gran número de personas en el mundo entero ve los sucesos antes de que sucedan, y en muchos casos, son capaces de evitar las tragedias que han sido vistas en un sueño.

Ilustraré la forma cómo la sabiduría de la mente subconsciente puede instruirle y protegerle en relación con sus acciones correctas cuando usted duerme.

Hace algunos años, antes de la segunda guerra mundial, me ofrecieron una posición muy lucrativa en el Oriente, y yo supliqué para que se me diese guía y una decisión adecuada; dije: "La Inteligencia Infinita dentro de mí conoce todas las cosas, y la decisión correcta me será revelada por orden divina. Reconoceré la respuesta, tal como venga". Repetí esta sencilla plegaria una y otra vez hasta quedarme dormido; soñé que un viejo amigo se me aparecía diciéndome: "Lee los titulares del periódico; no vayas". Los titulares que ví, durante el sueño, relataban el ataque a Pearl Harbor y el comienzo de una nueva guerra. Ocasionalmente el sueño del autor fue literal; indudablemente fue una dramatización de la mente subconsciente proyectada por una persona en quien yo confiaba y respetaba. Fue tan vívida que como consecuencia cancelé mi viaje porque sentí el impulso de hacerlo así. Tres años más tarde, la segunda guerra mundial comprobó la verdad de esta voz intuitiva, de este presentimiento; los titulares aparecidos en New York Times, que ya había visto en sueños, me demos traron claramente la veracidad de esta corazonada.

La mente subconsciente es omnisapiente, lo sabe todo. Mi mente subconsciente es una con el subconsciente universal, y sabía que los japoneses estaban planeando una guerra; sabía también cuando empezaría la guerra.

La mente subconsciente avisa algunas veces tomando la forma de la madre amorosa que apareciendo en sueño, le contará a la persona no ir allí o allá y le dará alguna razón para resguardarse de ello. Otras veces sentirá una voz que su subconsciente aceptará enseguida. Otras veces le avisará con voz cuyo sonido familiar puede hacerle parar en la calle y comprobar, que si usted hubiese dado un paso más, un objeto caído de una ventana le habría golpeado en la cabeza.

. EL FUTURO ESTA EN SU MENTE SUBCONSCIENTE

Recuerde que el futuro (la resultante de su pensamiento) está ya en nuestra mente; excepto cuando usted lo cambia utilizando la plegaria. El futuro de un país, es la consecuencia del subconsciente colectivo de la gente que lo forma. Nada hay de extraño en el sueño que tuve, yo ví los titulares mucho antes de que empezara la guerra. La guerra ya había tomado lugar en mi mente y todos los planes de ataque estaban grabados sobre este gran dispositivo registrador, que es la mente subconsciente o inconsciencia colectiva de la mente universal. El futuro está en su mente subconsciente, de tal modo que sucederá en las próximas semanas o meses y puede ser observado por una persona clarividente o con un alto desarrollo síquico.

Su actitud mental, el modo de pensar, sentir y creer determina su destino. Usted puede moldear, formar y crear su propio futuro, a través de la plegaria científica, ya explicada.

. LE PAGARON 15.000 DOLARES POR UNA SIESTA

Uno de mi alumnos me envió un recorte de periódico, hace unos tres o cuatro años, en donde se relataba la forma como Ray Hammerstrom, operario de una laminadora de acero, subsidiaria de Jones and Laughlin Steel Corporation, en Pittsburgh recibió 15.000 dólares por un sueño.

Según el artículo, los ingenieros no habían podido reparar un interruptor en una nueva instalación que aseguraba la entrega de las barras de acero hacia la mesa de enfriamiento. Los ingenieros trabajaron en el interruptor unas once o doce veces sin obtener resultado alguno.

Hammerstrom pensó un poco en el problema y trató de imaginarse un nuevo dispositivo interruptor que funcionara, no logró nada. Una tarde se acostó a tomar una siesta, pero antes de dormirse empezó a pensar sobre el problema del interruptor. Tuvo un sueño en el cual se le apareció la imagen de un dispositivo interruptor perfecto; cuando se despertó, bosquejó el nuevo diseño de acuerdo a su visión. Este sueño y luego su bosquejo le valieron un cheque de 15.000 dólares, la mayor recompensa que había dado la firma a un empleado por una idea aplicada.

. UN FAMOSO PROFESOR RESOLVIO UN PROBLEMA DURANTE EL SUEÑO

El doctor H. V. Helpercht, profesor de lengua asiria en la Universidad de Pennsylvania, me escribió lo siguiente:

"Un sábado por la tarde . . . yo había estado muy preocupado por los vanos esfuerzos hechos al intentar descifrar dos pequeños fragmentos de ágata que se encontraban en mi poder y que se suponían haber pertenecido a unos anillos babilónicos".

"Cerca de la media noche, cansado y exhausto, me acosté y tuve un sueño muy singular: Un sacerdote de Nippur, alto y delgado, como de unos cuarenta años de edad, me condujo al cuarto del tesoro del templo . . ., pequeño, bajo y sin ventanas, sobre el suelo se encontraban esparcidos varios pedazos de ágata y lapizlazulli. Aquí me dirigió la palabra diciéndome: los dos fragmentos que se han publicado separadamente en las páginas 22 y 26 van juntos y no son joyas de anillos, los dos primeros aros sirvieron como aretes para la estatua del Dios; los dos fraymentos (que usted tiene) son parte de ellos. Si usted los junta tendrá la confirmación de mis palabras . . . me desperté asustado y examiné los fragmentos . . . y cuál fue mi asombro al confirmar que lo visto y oído en el sueño era cierto. El problema estaba resuelto".

Esto demuestra claramente la manifestación creativa de la mente subconsciente que sabe la respuesta a todos los problemas:

. COMO TRABAJO EL SUBCONSCIENTE PARA UN FAMOSO ESCRITOR MIENTRAS DORMIA

Robert Louis Stevenson, en uno de sus libros, Across the plains (A través de los llanos), dedica un capítulo entero a los sueños. Como tenía sueños muy reales persistía en darle a su subconsciente instrucciones concisas cada noche antes de quedarse dormido. Pedía al subconsciente que le diese argumentos para sus cuentos y se los suministrara mientras dormía. Por ejemplo: cuando sus recursos económicos rebajaban mucho, le pedía al subconsciente: "Dame un argumento extraordinario y rentable". Su subconsciente le respondía magníficamente.

Stevenson decía: "Estos pequeños duendes (la inteligencia y el poder del subconsciente) pueden contarme el cuento, trozo por trozo hasta su totalidad, ignoro su procedencia mientras aparezco como su supuesto creador", agregaba: "Esta parte de mi trabajo que está lista cuando me levanto y casi puedo decir que cuando estoy despierto lo que escribo no es necesariamente mío, ya que todo me demuestra que los pequeños duendes toman mi mano y lo hacen".

. DUERMA EN PAZ Y DESPIERTESE ALEGRE

Los que sufren de insomnio hallarán efectiva la siguiente plegaria. Repítala lenta, sosegada y alegremente: "Mis pies están relajados, mis tobillos están relajados, mis músculos abdominales están relajados, mi corazón y pulmones están relajados, mis manos y brazos están relajados, mi cuello está relajado, mi cerebro está relajado, mi cara está relajada, mis ojos están relajados, mi mente y cuerpo totalmente relajados. Perdono y libero a todos y cada una de las personas y sinceramente les deseo armonía, salud, paz y todo el bienestar de la vida. Estoy en paz, estoy reposado, sereno y en calma. Descanso en la seguridad y en la paz. Un gran silencio me envuelve y una gran calma aquieta todo mi ser pues me doy cuenta que la presencia divina está dentro de mí. Sé que la realización y el amor de la vida me socorren. Me sumerjo en el océano de amor y caigo dormido lleno de buena voluntad hacia todos. Toda la paz nocturna permanece conmigo y en la mañana estaré lleno de vida y amor. Trazan un círculo de amor a mi alrededor. Yo no creo en el mal, porque tú estás conmigo. Duermo. Dormiré en paz y me despertaré contento. En él está la vida, el movimiento y mi ser".

. RESUMEN DE LOS PUNTOS MAS SOBRESALIENTES

1. Si usted está preocupado porque teme no despertar a tiempo, sugiérale al subconsciente, antes de dormirse la hora exacta en que desea despertarse y se despertará. No necesita reloj. Haga lo mismo con todos los problemas. No hay nada difícil para la subconsciencia.

2. Su subconsciente nunca duerme. Está siempre trabajando. Controla las funciones vitales. Olvídese de sí mismo y de cualquier otra cosa, antes de dormir, y la curación o respuesta tendrá lugar mucho más rápidamente.

3. La guía o ayuda le vendrá mientras duerme, algunas veces durante el sueño. Las corrientes curativas son liberadas y en la mañana se sentirá reposado y rejuvenecido.

4. Cuando tenga problemas por vejaciones o tropiezos en el día, aquiete las ruedas de su mente y piense que la sabiduría e inteligencia están localizadas en su mente subconsciente listas a responderle. Esto le dará a usted paz, fortaleza y confianza.

5. Duerma para obtener paz mental y salud corporal. La falta de sueño puede causar irritación, depresión y desórdenes mentales. Usted necesita ocho horas de sueño.

6. El punto de vista de investigación médica señala que el insomnio precede a los desórdenes sicóticos.

7. Durante el sueño usted es reforzado espiritualmente. Es esencial el sueño adecuado para tener una vida vigorosa y alegre.

8. El cerebro cansado es causa de ansiedad por dormir y sacrificará cualquier cosa para obtenerlo. Muchas personas que han caído en microsueños cuando conducen un vehículo pueden ser un testimonio.

9. Las personas privadas de sueño tienen una memoria pobre y carecen de coordinación adecuada. Ellos llegan al estado de confusión, aturdimiento y desorientación.

10. Duerma pidiendo consejo. Antes de dormirse, suplique a la Inteligencia Infinita de su mente subconsciente le guíe y le dirija.

11. Tenga absoluta confianza en su subconsciente. Reconozca que su tendencia es la de conservar la vida. Ocasionalmente, la respuesta del subconsciente llegará como un sueño real o una visión nocturna. Usted puede ser prevenido por una desgracia como lo fué el autor de este libro.

12. Su futuro está en su mente ahora, basada sobre sus creencias y sentimientos habituales. Pida que la inteligencia infinita lo dirija y guíe y que todo lo bueno se halle en usted, y su futuro será maravilloso. Créalo y acéptelo. Espero lo mejor e invariablemente lo mejor le llegará.

13. Si usted está escribiendo una novela, cuento, libro o está trabajando en un invento, hablando a su mente subconsciente en la noche y suplicando con firmeza que su sabiduría, inteligencia y la potencia sean su guía, y ellas le revelarán lo que necesita para su trabajo, ya sea un cuento, libro, etc. Las cosas más asombrosas le sucederán cuando usted suplique así.

La mente subconsciente y los problemas maritales 14

. LA MENTE SUBCONSCIENTE Y LOS PROBLEMAS MARITALES (1)

La ignorancia de cómo actuan los poderes mentales es la causa principal de los disturbios conyugales. La fricción entre marido y mujer puede resolverse si cada uno utiliza en forma correcta la ley mental. Orando juntos, permanecerán juntos. La contemplación de los ideales divinos, el estudio de las leyes de la vida, el mutuo acuerdo sobre un plan o propósito común y la alegría de la libertad individual produce el matrimonio armonioso, esa sensacion de ser el uno para el otro, o de que ambos son como uno solo.

El divorcio puede evitarse precisamente antes del matrimonio. No es un error intentar zafarse de una mala situación. Pero, por qué entrar desde el principio a esta mala situación? . No sería mejor ponerle atención ál origen real de los conflictos conyugales, es decir, buscar la causa de los problemas? .

Como en todos los demás problemas humanos, el problema del divorcio, separación y anulación con sus interminables litigios, está en relación directa con la ignorancia de cómo trabajan y se interrelacionan las mentes consciente y subconsciente.

. EL SIGNIFICADO DEL MATRIMONIO

El verdadero matrimonio tiene una base espiritual. Es necesario

---

(1) Este tema se ha tratado más detalladamente en el libro "Los Milagros de su Mente" del mismo autor; sinembargo, hacemos un resumen para guía de aquellos que no lo hayan leído.

que se fundamente en el sentimiento del corazón, y el corazón es el cáliz del amor. La bondad, honradez, integridad y sinceridad son formas del amor. Cada pareja debe ser totalmente honesta; sinceros el uno con el otro. No existe un verdadero matrimonio cuando un pareja se desposa con la otra por capricho, dinero, posición social, orgullo o vanidad, por cuanto esto indicaría falta de honradez, sinceridad o amor verdadero. Un matrimonio así es una comedia, una trampa, un fracaso.

Si una mujer dice: "Estoy harta de trabajar; voy a casarme porque necesito seguridad económica"; de hecho su premisa es falsa. Está utilizando mal las leyes mentales; su verdadera seguridad depende de saber cómo funciona y cómo se aplica la acción recíproca de las mentes consciente y subconsciente.

A una mujer no le faltaría jamás la riqueza o la salud si aplica las técnicas indicadas en los párrafos anteriores. Puede obtener la riqueza independiente de su marido, de su padre o de cualquier otro. Una persona no depende de otra para obtener alegría, amor, felicidad, inspiración, orientación, paz, riqueza, salud, seguridad o cualquier cosa. La paz y seguridad mental vienen de conocer los poderes internos dentro de sí y del uso constante de las leyes de su propia mente en forma constructiva.

. COMO ATRAER LA PAREJA IDEAL

Conocemos como funciona la mente subconsciente. Sabemos que toda impresión sobre ella, la expresará como una realidad en este mundo. Comience entonces a impresionar la mente subconsciente con las cualidades y características que desee en su futura pareja.

He aquí una excelente técnica: "Siéntese por la noche en un sillón cómodo, cierre los ojos, relájese, abandónese interiormente, tranquilícese, vuélvase receptivo pero pasivo. Háblele a su subconsciente, diga lenta y pausadamente: "En este instante estoy atrayendo al hombre (o mujer) bondadoso, fiel, honrado, leal, próspero y sincero que me hará próspera y feliz. En este instante, estas cualidades que admiro están transfiriéndose y traspasándose a mi mente subconsciente. A medida que pienso en ellas se convertirán en parte de mi ser y se encarnarán dentro de mi subconsciente. Sé que existe una ley irresistible de atracción la cual me atraerá al hombre (o mujer) que esté de acuerdo a mi convicción subconsciente. Sé que puedo obtener lo que sienta como verdadero en mi mente subconsciente. Sé que puedo contribuir a la paz y felicidad de la persona que desee encontrar. Ella estará conforme con mis ideales y yo estaré conforme con los suyos. Ella no querrá hacerme cambiar, ni yo intentaré que ella cambie. Existirá entre nosotros una mutua comprensión, libertad y respeto".

Practique esta técnica hasta lograr impresionar su mente subconsciente. Entonces, verá con alegría que se acercará la pareja que ha pedido, con todas las características del prototipo ideado. La Inteligencia Infinita del subconsciente abrirá el camino y en alguna forma se producirá el encuentro; es la ley inmutable e irresistible que fluye de la mente subconsciente. Mantenga el profundo deseo de dar lo mejor de su amor, cooperación y devoción. Sea receptivo a esta dádiva amorosa que usted le ha transmitido a su mente subconsciente.

. NO COMETA UN TERCER ERROR

Recientemente me comentaba una profesora: "He tenido tres maridos y los tres han sido pasivos y sumisos y han necesitado de mí para hacer todas las decisiones y administrarlo todo. ¿Por qué atraigo tal tipo de hombre? "

Le pregunté si ella había notado que su segundo marido era de tipo afeminado y me replicó: "Por supuesto que no, si lo hubiese sabido, no me habría casado con él".

Aparentemente no había aprendido nada desde su primer error. Su propia personalidad era el obstáculo, era muy masculinizada, dominante e inconscientemente deseaba como pareja a alquien que fuese sumiso y pasivo para poder representar el papel principal. Todo esto era una motivación inconsciente, y su prototipo subconsciente le atraía lo que subjetivamente deseaba. Tenía que aprender a romper el ideal erróneo adoptando la técnica correcta de la oración.

. COMO ROMPIO SU PATRON NEGATIVO

La mujer mencionada aprendió una sencilla verdad. Cuando una mujer cree que puede encontrar el hombre ideal, tarde o temprano lo encuentra tal como quiere. Ella quiso romper el prototipo enraizado en su subconsciente y he aquí la plegaria científica que utilizó para conseguirlo: "Estoy formando en mi mente el tipo de hombre que ahora deseo intensamente. El hombre que deseo como marido debe ser fuerte, vigoroso, amoroso, muy masculino, próspero, honesto, leal y fiel. En mí encontrará amor y felicidad. Lo seguiré donde vaya. Sé que me querrá como yo lo quiero. Soy honesta, sincera, amorosa y bondadosa; poseo maravillosos dones que ofrecerle; buena voluntad, corazón contento y cuerpo sano. El debe ofrecerme lo mismo. Será una unión recíproca, yo le doy él me dará. La divina inteligencia cabe donde está este hombre y la más profunda sabiduría de mi mente subconsciente nos pondrá en contacto según su forma de actuar y nos reconoceremos inmediatamente. Dejo ir esta súplica a mi mente subconsciente que sabe como traerme la respuesta. Me siento satisfecha ya por la perfecta respuesta que no tardaré en recibir".

La repitió de la misma manera noche y día, afirmando estas verdades y sabiendo que a través de la ocupación frecuente de la mente en este aspecto alcanzaría el equivalente mental que ella estaba pensando.

. LA RESPUESTA A SU PLEGARIA

Pasaron varios meses. Asistió a fiestas, reuniones y se vió con muchos hombres, pero ninguno alcanzaba a agradarle. Cuando sentía dudas, llamaba a la Inteligencia Infinita, repitiendo su súplica y rogando por que sus malos pensamientos pasaran. Finalmente le fue decretado el divorcio trayéndole una gran sensación de libertad y paz mental.

Poco tiempo después fué a trabajar como recepcionista en el consultorio de un médico. Me contaba que en el instante en que lo vió supo que era el hombre que estaba buscando. Aparentemente él también tuvo la misma impresión, pues durante la primera semana de trabajo le propuso matrimonio. Su matrimonio ha sido idealmente feliz. El médico no era ni de tipo pasivo o sumiso, ni dominante o brusco, era un hombre real, un excelente jugador de balompié americano, un atleta consumado, profundamente espiritual aunque alejado de todo sectarismo o afiliación religiosa.

Como puede deducirse, esta dama obtuvo lo que deseaba por cuanto afirmó constantemente su deseo hasta obtener el punto de saturación. En otras palabras, se unió mental y emocionalmente a su propia idea, y la convirtió en parte de sí misma, como la manzana se convierte en parte de nuestra sangre.

. DESEA DIVORCIARSE?

El divorcio es un problema individual y no puede generalizarse.

En algunos casos, entiéndase esto bien, no debió casarse.

En otros casos, el divorcio no es la solución; como tampoco lo es el matrimonio para un hombre soltero.

El matrimonio puede ser adecuado para algunas personas o incorrecto para otras.

Una mujer divorciada pudo ser mucho más sincera y noble que sus hermanas casadas que quizás vivan sobre una mentira.

Por ejemplo: En una ocasión hablé con una mujer cuyo marido era toxicómano, expresidiario, mujeriego, brutal, no se ocupaba de su mujer sino para maltratarla. Se le había dicho que el divorcio era condenable. Le expliqué cómo el matrimonio era la unión de dos corazones, cuando los dos corazones se unían armoniosa, amorosa y sinceramente se obtenía el matrimonio ideal. La verdadera y pura acción del corazón es el amor.

Siguiendo estas observaciones comprendió lo que tenía que hacer. Sabía por sí misma que ninguna ley divina la obligaba a ser golpeada, atemorizada y humillada, sólo porque al casarse había oído: "Os declaro unidos por los lazos indisolubles del matrimonio, ahora sois el uno para el otro".

Si usted duda que esto sea así, pida la ayuda interna, sabiendo que allí está siempre la respuesta y la recibirá. Siguiendo el "llamado" que llegue en el silencio de vuestra alma; ella nos habla en paz.

. LANZANDOSE AL DIVORCIO

Me contaron que una pareja de jóvenes, casados hacía apenas unos meses, se iban a divorciar.

Descubrí que el joven se mantenía temeroso de que la mujer lo abandonara; esperaba un constante rechazo y se imaginaba que su esposa le sería infiel. Estos pensamientos, al frecuentar su mente, se convirtieron en una obsesión; su actitud mental era de constante sospecha y separación. A su vez, ella veía en él a un hombre irresponsable. Ambos tenían el mismo presentimiento o atmósfera de fracaso y separación. Era la consecuencia del prototipo mental formado al actuar la ley de acción y reacción o causa y efecto. El pensamiento era la acción y la respuesta de la mente subconsciente la reacción.

La mujer abandonó el hogar y propuso el divorcio; lo que tanto temía y sentía que ella iba a hacer.

. EL DIVORCIO EMPIEZA EN LA MENTE

El divorcio toma lugar primero en la mente; el procedimiento legal sigue después. Estos dos jóvenes estaban llenos de resentimientos, temor, recelos y disgusto. Estas actitudes debilitan, agotan y enferman al ser totalmente.

Aprendieron que el resentimiento divide y que el amor une. Empezaron a convencerse que todo había empezado en sus mentes. Ninguno de los dos conocía la acción de la ley mental, y estaban maltratando sus mentes atrayendo la confusión y la miseria. Estas dos personas fueron respaldadas por mis sugestiones y empezaron a reconstruir su unión con la terapia de la oración. Empezaron por irradiar uno al otro, el sentimiento de amor, paz y buena voluntad. Cada uno practicó la radiación de armonía, salud, paz y amor entre sí y alternaron en la lectura de los salmos bíblicos cada noche. Su matrimonio se rehizo, día a día, creció y se desarrolló hasta lograr una hermosa armonía.

. LA MUJER REGAÑONA

Por lo general, una mujer se comporta así porque no se le presta atención. La mayoría de las veces es un reclamo de sentir amor y afecto.

Póngale atención a su esposa, demuéstrele su afecto. Exalte y alabe sus muchos puntos buenos.

Existe también, el tipo de mujer que intenta moldear al marido de acuerdo con su forma de pensar. Es el modo más rápido de perder un marido.

Tanto la mujer como el hombre deben suspender su estado regañón, dejar de buscar siempre detalles para empezar la querella; desprecie las pequeñas faltas o errores del otro. No se enfade por cualquier motivo. Obsérvense las buenas cualidades que tienen entre sí y supliquen por el reconocimiento y fortaleza de las cualidades del otro.

. EL MARIDO HURAÑO

Cuando un hombre se vuelve huraño, sombrío y quisquilloso por todo lo que hace o dice su esposa, está, sicológicamente hablando, cometiendo adulterio. Uno de los significados del adulterio es la idolatría, por ejemplo, cuando se presta atención o nos unimos mentalmente a lo que es negativo y destructivo.

Cuando un hombre está silenciosamente resentido contra su mujer y se llena de rencor contra ella, ha perdido la fé. No es fiel a los votos del buen matrimonio: amarla, apreciarla y honrarla todos los días de su vida.

Si un hombre huraño, amargado y resentido se tragara su propia ponzoña, abatiera su mal humor y tuviera constantemente gestos de consideración, bondad y cortesía, eliminaría las diferencias conyugales. A través de la oración y esfuerzo mental, puede eliminar el hábito antagónico. Entonces será capaz de obtener algo mejor, no sólo de su mujer sino en sus relaciones comerciales. Asumiendo el estado armonioso eventualmente hallará paz y armonía.

. EL GRAN ERROR

¿Qué sacan muchas personas haciendo la propaganda de que su matrimonio es un fracaso?

Es un gran error discutir los problemas conyugales, dificultades y querellas, con los parientes y amigos.

Supongamos por ejemplo, que una mujer le cuenta a su vecina: "Juan nunca me da dinero. Trata a mi madre en una forma tan despiadada, se emborracha demasiado, y constantemente me insulta y humilla". En este instante, esta mujer degrada y destruye la presencia de su marido ante los ojos de los vecinos y parientes. Jamás podrá aparecer ante ellos como un buen esposo.

Jamás discuta sus problemas conyugales con nadie, excepto con un consejero matrimonial experimentado.

Sin embargo, cuando usted menciona, discute y habla ante otros de los defectos de su marido, está creando actualmente estos estados dentro de sí misma.

¿Quién lo está pensando y sintiendo? Usted! Como usted piense y crea así será. Como se es por dentro se es por fuera.

En cuanto a los parientes, siempre dan los peores consejos. Su pensar es viciado y perjudicial, sus consejos no son dados en forma sincera o imparcial, son conceptos predispuestos y parcializados. Todo consejo que usted reciba y viole la regla áurea, que es una ley cósmica, no es correcto ni adecuado. Olvídelo.

No siempre los seres que viven bajo un mismo techo pueden evitar disgustos, períodos de tensión, ansiedad o resentimiento. Nunca muestre la parte agria de su matrimonio a los amigos o parientes. Mantenga sus disgustos en secreto. Refrene toda crítica y charlas destructivas de su cónyuge.

. NO TRATE DE TRANSFORMAR A SU CONYUGE

El marido jamás debe intentar hacer de su esposa una imagen de sí mismo. El propósito o intento de hacerlo es, desde muchos puntos de vista, antinatural, extraño al modo de ser de ella. Estos intentos son siempre necios, y por lo general conducen a la disolución del matrimonio. Cualquier intento de cambiarla destruye su orgullo y amor propio, y despierta un espíritu de oposición y resentimientos que aumentan el desenlace conyugal.

Es lógico que sean necesarios algunos acoplamientos mutuos, pero si usted hace una introspección (1) de sí mismo, estudiando su propio carácter y comportamiento, se encontrará tantos defectos que sin duda llegará a la conclusión de que necesita toda una vida para corregirse. Si dice: "La haré cambiar a mi modo", está buscando problemas y no tardará en llegar la separación; está caminando hacia la amargura. Tiene que aprender la dura realidad de que no hay forma alguna de cambiar a alguien sino es a nosotros mismos.

---

(1) Introspección: Examen del alma por sí mismo; equivale a reflexión o mejor aún: auto-reflexión.

SUPLIQUEN JUNTOS Y PERMANEZCAN UNIDOS A TRAVES DE LA PLEGARIA

Primer paso: No acumule día tras día las irritaciones, recelos o rencores que se despiertan por los pequeños disgustos o querellas. Olvídelos, elimine todas las asperezas antes de dormir. Al levantarse por la mañana, suplique a la Inteligencia Infinita que lo guíe en todos los caminos. Envíe pensamientos de amor, paz y armonía a su pareja, a todos los parientes y al mundo entero.

Segundo paso: Dé gracias por el desayuno. De gracias por la maravillosa comida, por su abundancia y por toda clase de bendiciones. Que ningún disturbio o preocupación se interponga en la comida; haga lo mismo en el momento de la cena. Dígale a su cónyuge: "Aprecio lo que haces por mí, te amo y te tengo buena voluntad durante todo el día".

Tercer paso: los cónyuges deben alternarse al hacer la plegaria, todos los días. No tenga a su cónyuge como propiedad exclusiva, demuéstrele aprecio y amor. Crea en el aprecio y la buena voluntad antes de condenarle, criticarle o denigrarle. La única forma de mantener paz en el hogar y felicidad en el matrimonio es usando un fundamento de amor, belleza, armonía, respeto mútuo, fe en lo divino y todas las demás cosas. Cuando usted practique estas verdades, su matrimonio crecerá más y más a través de los años. Aconsejo leer los Salmos 23, 27, 91; el capítulo 11 de Hebreos, capítulo 13 de Corintios.

. RESUMEN DE LOS PUNTOS MAS SOBRESALIENTES

1. La ignorancia de las leyes mentales y espirituales es la causa de todas las desdichas matrimoniales. Hagan juntos la plegaria científica, permanezcan unidos.

2. La mejor época para evitar el divorcio es antes de casarse. Si usted sabe como orar correctamente, atraerá la pareja adecuada a su modo de ser.

3. El matrimonio es la unión de un hombre y una mujer que están compenetrados por el amor. Sus corazones son uno sólo y se movilizan al unísono.

4. El matrimonio no trae la felicidad. La gente encuentra la felicidad sumergiéndose en las verdades eternas divinas y los valores espirituales de la vida. Entonces, el hombre y la mujer pueden contribuir entre sí para lograr su felicidad y alegría.

5. Se atrae la pareja adecuada sumergiéndose en las cualidades y características que se admiran en el hombre o la mujer anhelados y entonces la mente subconsciente cumplirá los deseos como por una orden divina.

6. Forme en su mentalidad el prototipo que desea como cónyuge. Si desea atraer un cónyuge honesto, sincero y amoroso, usted debe ser honesto, sincero y amoroso.

7. No debe repetir su error matrimonial. Cuando usted realmente tenga el tipo de pareja idealizada, encárnela dentro de su ser tal como lo quiere. Creer es aceptar algo como verdad. Acepte su compañero ideal ya, desde este instante.

8. No se asombre cómo, por qué o dónde encontrará la pareja que pide. Transfiera su deseo implícitamente en la sabiduría de su mente subconsciente. Ella sabe cómo hacerlo y usted no tiene que ayudarle.

9. Usted se divorcia mentalmente cuando induce resquemores, rencores, mala voluntad y hostilidad hacia su cónyuge. Está alojando su error en el lecho de su mente. Adhiérase a los votos matrimoniales es: "Prometo cariño, amor y honor a mi cónyuge todos los días de mi vida"

10. Cese de proyectar prototipos negativos contra su cónyuge. Envíele pensamientos de amor, paz, armonía y buena voluntad y su matrimonio crecerá más bello y más maravilloso a través del tiempo.

11. Irradie amor, paz y buena voluntad entre sí. Estas vibraciones son acogidas por la mente subconsciente resultando en respeto, afecto y cariño mutuo.

12. Una mujer regañona reclama atención y aprecio. Ella reclama el amor y el afecto que se merece. Hónrela y exalte sus buenas cualidades. Demuéstrele que la ama y la aprecia.

13. Un hombre que ama a su mujer no hace nada indelicado, ni en palabra, pensamiento o acción. Amar es amor.

14. Cuando existan problemas maritales, vea a un médico experto en esa especialidad. Usted no va al carpintero para que le saque una muela. Jamás discuta sus problemas conyugales con parientes o amigos. Vaya donde un especialista, él puede ayudar.

15. Nunca trate de remodelar a su cónyuge. Estos intentos son siempre vanos y tienden a destruir el orgullo y la autoestimación del otro. Sin embargo, levantando un ambiente de resentimientos le llevará al desenlace. Cese todo intento de hacer de su cónyuge su otro yo.

16. Oren juntos y permanezcan juntos. La oración científica resuelve todos los problemas. Haga el prototipo de su cónyuge tal como ella sea: alegre, feliz, saludable y hermosa. Vea a su marido tal como es: fuerte, vigoroso, amoroso, armonioso y bondadoso. Mantenga este retrato mental y usted disfrutará de un matrimonio en armonía y paz.

La mente subconsciente y la felicidad

15

. LA MENTE SUBCONSCIENTE Y LA FELICIDAD

William James, padre de la sicología americana, dijo que el mayor descubrimiento del siglo XIX no era el dominio de la ciencia física. El mayor descubrimiento era el poder del subconsciente impulsado por la fé.

Cada ser humano posee un depósito de poder ilimitado capaz de eliminar cualquier obstáculo en su camino.

La verdadera y máxima felicidad acudirán a su vida cuando usted se convenza que puede dominar o eliminar cualquier conflicto o debilidad física o psíquica. Convénzase: el subconsciente suyo puede resolver problemas, sanar su cuerpo y enriquecerle a través de su profundo sueño.

Usted puede sentirse feliz cuando le nace un niño, cuando se casa, cuando se gradúe, o al ganar una gran victoria o premio. Pudo haber sido muy feliz cuando llegó a comprometerse con la más adorable muchacha o el más guapo de los hombres. Puede continuar así una innumerable lista de vivencias que le han hecho feliz. Sin embargo, no importa cuan maravillosas hayan sido estas experiencias, no le han dado una felicidad real; todo ha sido transitorio o temporal.

"Quien confíe en el Señor, será feliz".

Cuando usted confía en el Señor (la potencia y la sabiduría de su mente subconsciente) para conducirle, guiarle, gobernarle o dirigirle en todas sus actuaciones, se convertirá en un ser sereno, equililibrado y relajado. Cuando irradie bondad, paz y buena voluntad a todos, estará construyendo una superestructura de felicidad para todos los días de su vida.

. USTED DEBE ESCOGER LA FELICIDAD

La felicidad es un estado mental.

"Escoged el día en que quieras que os sirva". Sois libres de escoger la felicidad. Puede parecer extraordinariamente simple, y en realidad lo es. Quizá es la causa por la cual la gente tropieza en el camino de la dicha; no ven en lo simple, en lo sencillo, la clave de la felicidad. Las grandes cosas de la vida son simples, dinámicas y creativas. Producen el bienestar y la felicidad.

. COMO ESCOGER LA FELICIDAD

Empiece ahora a escoger la felicidad.

Así es como yo lo hago. Cuando usted despierte en la mañana, dígase a sí mismo: "El orden divino se hace cargo de mi vida hoy y todos los días. Todas las cosas trabajarán por mi bien durante todo el día. Este es un día maravilloso y nuevo para mí. Jamás habrá otro día semejante a este. Estoy guiado por lo divino durante el día y todo lo que haga prosperará. El amor divino me rodea, me envuelve y avanzaré en paz. Cuando mi atención se desvíe de lo que es bueno y constructivo, la devolveré inmediatamente a la contemplación de lo que es bello y bueno. Soy un imán mental que atrae hacia sí todas las cosas que serán para mí bendición y prosperidad. Hoy voy a obtener éxito en todas mis empresas. Me dirijo definitivamente a ser feliz durante este día".

Comience de esta manera todos los días; entonces escoja así la felicidad, seréis una persona radiantemente feliz.

HIZO DE LA FELICIDAD UN HABITO

Hace algunos años pasé una semana en una granja cerca de Connemarra, sobre la costa occidental de Irlanda.

El granjero estaba siempre cantando y sonriente; se mantenía de buen humor.

Le pregunté el secreto de su felicidad y me contestó: "Es un hábito mío vivir feliz. Todas las mañanas cuando me despierto y por las noches cuando me acuesto, me siento dichoso por mi familia, por los animales, el ganado y agradezco a Dios por una cosecha más abundante"

El granjero venía practicando esto durante casi cuarenta años. Como usted sabe, el pensamiento repetido, regular, sistemáticamente se introduce en la mente subconsciente y se convierte en un hábito. Descubrió la felicidad y la convirtió en hábito.

. DEBE DESEAR SER FELIZ

Hay un punto muy importante acerca de la felicidad.

Usted debe desear sinceramente ser feliz.

Hay personas que han estado deprimidas, tristes y desdichadas durante mucho tiempo y repentinamente son felices por alguna noticia alegre, buena o asombrosa. Una mujer, me dijo en cierta ocasión: "No es normal ser feliz". Se acostumbraron tanto a sus arraigados prototipos mentales que no sienten la razón de ser dichosos, prefiriendo su estado depresivo e infelicidad.

Entrevisté a una mujer en Inglaterra que sufría de reumatismo crónico desde hacía muchos años. Le sugerí un plan curativo, le escribí algunas oraciones apropiadas indicándole la manera de fijar su atención en estas verdades explicadas con lo cual su actitud mental cambiaría indudablemente, su fé y confianza renacerían llevándole la salud perdida. A ella no le importaba. Lo que buscaba la señora era recibir mayor atención de sus hijos y vecinos. Se acariciaba la rodilla y decía: "Mi reumatismo empeoró; hoy no puedo salir, me tiene muy triste". En realidad ella quería tener su reumatismo; aumentaba su dolor, se autosugestionaba y en el fondo se alegraba de su miseria, no deseando realmente ser feliz.

Esto corresponde a un estado mental morboso en mucha gente que se divierte a su manera siendo desdichados y tristes. (1)

. POR QUE ESCOGER LA DESGRACIA

Mucha gente escoge la desdicha, infelicidad o desgracia, manteniendo estas ideas: "Hoy es un día malísimo, todo va de mal en peor". "Todo el mundo está en mi contra". "Los negocios van mal y van a empeorar". "Siempre llego tarde". "Jamás tengo tiempo de desayunar". "El sí puede pero yo no puedo". Cuando se empieza la mañana con esta actitud mental, atraeréis lo peor durante el resto del día y os sentiréis desdichados.

El mundo en que usted vive está totalmente determinado por lo que pasa en su mente.

Marco Aurelio, el gran filósofo romano dijo: "La vida de un hombre la hacen sus pensamientos".

Emerson, gran filósofo americano dijo: "Un hombres es lo que piense durante todo el día".

Los pensamientos que aloja en su mente tienen la tendencia de realizarse en la condición física. No se complazca en los pensamientos negativos, deprimentes, morbosos.

. SI USTED TUVIESE UN MILLON DE DOLARES, SERIA FELIZ?

He visitado varios hombres millonarios en instituciones mentales, o casas de salud. Casi todos insistían en que eran pobres e indigentes.

Estaban hospitalizados a causa de su tendencia a la paranoia o

---

(1) Este caso se aplica a un sinnúmero de personas que gozan sufriendo, van al médico y cuentan a todo el mundo los detalles de sus enfermedades aparentemente masoquistas, pero en realidad un poquito necias.

tendencias maniáco-depresivas. Ello es una prueba de que la riqueza no nos hace dichosos. Hoy día, la gente trata de comprar la felicidad adquiriendo radios, televisión, automóviles, un hogar en el campo, un yate privado, una piscina, pero la felicidad no puede comprarse o procurarse de esta manera.

El reino de la felicidad, está en el pensamiento y en los sentimientos. Mucha gente cree que tomando alguna cosa artificial obtendrán felicidad.

Alguien dijo: "Si yo fuera alcalde, presidente de una organización, o promovido a gerente general de la corporación, sería feliz".

La felicidad es un estado mental y espiritual. Ninguna de estas posiciones mencionadas hacen por sí solas la felicidad. Su fortaleza, alegrías y felicidad consisten en descubrir la ley de orden y de acción divinas, localizada en su mente subconsciente y en la aplicación de estos principios en todas las fases de la vida.

. DESCUBRIO QUE LA FELICIDAD ESTABA EN UNA MENTE TRANQUILA

En San Francisco me visitó un hombre deprimido y desdichado por causa de los negocios, según decía. Era gerente general; estaba lleno de resentimiento contra el presidente y vicepresidente de la compañía, afirmando que éstos le hacían oposición sistemática. A causa de este conflicto, en una de las cabezas de la empresa, los negocios disminuían y nadie recibía dividendos ni bonificaciones.

El problema se resolvió de este modo: Por las mañanas tranquilizaba su mente y luego afirmaba: "Todos los que trabajan en nuestra compañía son honestos, cooperadores, fieles y llenos de buena voluntad hacia los demás. Son eslabones mentales y espirituales de la cadena de crecimiento, bienestar y prosperidad de nuestra compañía. Irradio amor, paz y buena voluntad en mis pensamientos, palabras y actos sinceros hacia mis dos socios y hacia todos los que forman la empresa. El presidente y vicepresidente de nuestra compañía están divinamente guiados en todos sus propósitos. La Inteligencia Infinita de mi subconsciente toma las decisiones a través de mí. Trabajamos en una sola acción común en todas nuestras transacciones comerciales y mutuas relaciones. Envío a todos ellos, los mensajeros de paz, de amor y de buena voluntad. La paz y la armonía reinarán en mi corazón y en el de todos los que forman parte de la empresa. Empezaré el nuevo día, lleno de fe, confianza y verdad".

Repitió esta meditación lentamente tres veces todas las mañanas, con la convicción de que era verdad su afirmación. Si algunos pensamientos negativos irrumpían en su mente durante el día, se decía a sí mismo: "La paz, armonía y equilibrio gobiernan en todo instante mi subconsciente". A medida que iba disciplinando su mente, acabó rompiendo totalmente el molde negativo.

Poco tiempo después me escribió para notificarme que en menos de dos semanas reorganizó su subconsciente. El presidente y el vicepresidente le llamaron a sus oficinas para felicitarle ante el loable cambio de sus actividades, sus nuevas ideas constructivas, comunicándole estar muy satisfechos de tenerle como gerente general. Este hombre se siente dichoso de haber implantado la felicidad dentro de sí mismo.

. EL BLOQUE U OBSTACULO NO ES UNA REALIDAD

Leí en un periódico que un caballo se había espantado con un tronco en el camino. Cada vez que el caballo pasaba ante este mismo tronco, se espantaba. El granjero desenterró el tronco, lo quemó y niveló el camino. Durante varios años, cada vez que el caballo pasaba por el lugar donde había estado el tronco se espantaba, ante el recuerdo del mismo.

En vuestra felicidad no existe tal tronco, sino en vuestro pensamiento e imaginación. ¿Es el temor o la preocupación del pasado?

El temor es pensamiento de vuestra mente. Usted puede eliminarlo en el mismo instante suplantándolo con la fe en el éxito, ejecución y victoria sobre todos los problemas.

Conocí a un hombre fracasado en sus negocios. Me dijo "Cometo errores; debo aprender un poco más. Estoy decayendo en los negocios y deseo tener un gran éxito". Este hombre se encaró al tronco de su fracaso localizado en su mente; lo desenterró.

Dejó de lamentarse y ante sus poderes internos, las ideas negativas de su mente retrocedían, desterrando todo temor y viejas depresiones. Crea en usted mismo; así tendrá éxito y será feliz.

. LA GENTE MAS FELIZ

El hombre más feliz es el que avanza sin cesar y practica lo mejor. La felicidad con la virtud se complementan. La felicidad completa se obtiene dominando el arte de vivir la vida llena de éxito. Lo Divino es lo más alto y lo mejor en usted. Acercándose más hacia el amor divino, hacia la luz, la verdad y la belleza, usted acabará convirtiéndose en una de las personas más felices.

Epicteto, filósofo estóico griego, decía: "No hay sino una manera para mantenerse tranquilo y feliz: por tanto, que siempre esté presente en tu pensamiento, cuando despiertes por la mañana, durante todo el día y cuando te vayas a acostar, no permitas que pensamientos extraños te perturben"

. RESUMEN DE LOS PUNTOS MAS SOBRESALIENTES

1. William James decía que el descubrimiento del siglo XIX era el poder de la mente subconsciente impulsado por la fe.

2. Hay un poder tremendo dentro de usted. La felicidad le llegará cuando adquiera una sublime confianza en esta potencia. Entonces, hará que sus sueños sean verdaderos.

3. Usted puede vencer cualquier defecto y realizar los deseos de su mente subconsciente.

Quien confíe en las leyes de la mente subconsciente será feliz.

4. Usted debe escoger la felicidad. La felicidad es un hábito.

5. Cuando usted abra los ojos en la mañana, dígase a sí mismo: "Hoy seré feliz. Hoy tendré buena voluntad todo el día. Hoy estaré en paz". Ponga su vida entera, el amor y el interés en esta afirmación y usted habrá escogido la felicidad.

6. Manténgase agradecido durante todo el día. Aún más, suplique por la paz, felicidad y prosperidad de todos los miembros de su familia, sus asociados y todas las personas en general.

7. Debe ser sincero, al desear la felicidad. Nada se completa sin el deseo. Desear es un sentimiento con las alas imaginativas y llenas de fe. Imagínese el cumplimiento de su deseo, siéntalo como una realidad y se cristalizará. La felicidad viene como respuesta a su súplica.

8. Si piensa constantemente en el temor, preocupación ansiedad, odio y fracaso, se convertirá en un ser deprimido y desdichado. Recuerde, su vida es lo que sus pensamientos hagan de usted.

9. La felicidad no puede comprarse ni con todo el dinero del mundo. Algunos millonarios son muy felices, otros son muy desdichados. Alguna gente sencilla es feliz, y algunas son desdichadas. El reino de la felicidad está en su propio pensamiento y sentimientos.

10. La felicidad es la cosecha de una mente tranquila. Mantenga sus pensamientos sobre la paz, equilibrio, seguridad, guía divina y su mente será productora de felicidad.

11. No hay obstáculo para ser feliz. Las cosas externas no son causales, son efectos; tome el único principio creativo dentro de usted. Su pensamiento es la causa y una nueva causa produce un nuevo efecto. Escoja la felicidad.

12. El hombre más feliz es aquel que avanza hacia lo más alto y mejor. Lo Divino es lo más alto y lo mejor en él, porque el Reino Divino está dentro de él.

La mente subconsciente y unas relaciones humanas armoniosas 16

LA MENTE SUBCONSCIENTE Y UNAS RELACIONES HUMANAS ARMONIOSAS

La mente subconsciente es como una máquina grabadora que reproduce lo que en ella se imprime. Esta es una de las razones de la aplicación de la Regla Aurea en las relaciones humanas; que repito a continuación:

"Es así como todas las cosas que queráis que los hombres hagan con vosotros, así también haced vosotros con ellos; porque esta es la ley divina".

Este versículo tiene un significado externo y otro interno. El significado interno es el más interesante por su relación con la mente subconsciente.

Lo que usted quiera que los demás sientan por usted, sienta lo mismo por ellos. Lo que desearía que los demás hicieran por usted, hágalo por ellos. Si quiere que los demás piensen que usted es una buena persona, piense que también ellos son buenas personas. Si piensa que alquien es una mala persona, ésta pensará que es una mala persona.

Otro ejemplo: Usted aparenta ser atento y cortés con un compañero de oficina, pero en cuanto le da la espalda, manifiesta mentalmente resentimiento y crítica contra él; estos pensamientos negativos son altamente autodestructivos porque actúan como un veneno restándole vitalidad, entusiasmo, fortaleza, guía y buena voluntad.

Las emociones y pensamientos negativos destructivos se filtran al subconsciente causándole toda clase de disturbios, perturbaciones y malestar.

. LA CLAVE PARA TENER EXITO EN SUS RELACIONES CON LOS DEMAS

"No juzguéis, para no ser juzgados porque tal como juzguéis seréis juzgados, y con la misma medida con que midieres seréis medido".

Estas profundas verdades contenidas en dichos versículos son la clave de la armonía en las relaciones con los demás. Juzgar es creer; es llegar a un veredicto o conclusión en su pensamiento. Si vuestros pensamientos son creadores, estaréis creando vuestra propia experiencia lo que creéis y sentís acerca de la otra persona.

Además también es cierto que la sugestión que usted da a otro, se la dará a usted mismo por cuanto su mente es el medio creativo.

Es por esto que se dice: "Como juzguéis seréis juzgados". Cuando comprenda esta ley y el modo como trabaja su mente subconsciente, usted cuidará sus pensamientos, sentimientos y acciones correctas hacia los demás. Estas frases enseñan la emancipación del hombre y le revela la solución de sus problemas individuales.

. Y CON LA MEDIDA CON QUE MIDIERES SERAS MEDIDO

La ley de la propia mente hará que el bien que hagáis a otros retorne a vosotros en la misma medida, así mismo sucederá con el mal que hagáis.

Cuando un hombre engaña o roba a otro, realmente se está robando o engañando a sí mismo; su sentimiento de culpabilidad y el temor atraerán tarde o temprano su caída. Su subconsciente grabará su actitud mental y reaccionará de acuerdo a la intención mental o motivación.

La mente subconsciente es impersonal, inmutable, no considera personas ni respeta afiliaciones religiosas e instituciones de cualquier clase. Ni es compasiva ni vengativa. Por tanto la forma como penséis, actuéis y sintáis hacia los demás retornará inexorablemente a vosotros mismos.

. LOS TITULARES PERIODISTICOS LO PUEDEN ENFERMAR

Obsérvese desde este instante a sí mismo. Observe sus reacciones hacia las demás personas, hacia las condiciones y circunstancias diarias.

¿Cómo responde usted a los sucesos y noticias diarias?

No debe importarle si los demás están errados, y usted tiene razón. Si las noticias o artículos lo perturban e inquietan serán su perdición, debido a las emanaciones negativas de las noticias tremebundas que le quitarán la paz y la armonía.

Una mujer me escribió contándome que su marido se encolerizaba en cuanto leía lo que ciertos columnistas escribían en los periódicos. Agregaba, cómo estos accesos constantes y sorpresivos de ira y cólera le habían producido úlceras hemorrágicas y que el médico le había recomendado un reacondicionamiento emocional.

Invité a este señor a una entrevista y le expliqué la forma como funcionaba la mente, insinuándole que su inmadurez emocional le hacía montar en cólera por los artículos con los cuales no estaba de acuerdo.

Le hice comprender que debía reconocer a los periodistas la libertad de expresarse, aún cuando esto le causara desagrado ya fuese por su política, religión o por cualquier otro tema. De la misma manera el periodista le daba la libertad para escribir una carta al periódico desaprobando la publicación de tales artículos. Comprendió la más simple de las verdades: no es lo que otra persona dice o hace lo que nos afecta, lo importante es la reacción a lo que esta persona dice o hace. Con un poco de práctica aprendió a dominar sus rabietas. Su esposa me contó posteriormente que se reía de sí mismo y también de lo que el columnista decía. Ningún artículo o titular periodístico lo volvió a perturbar, enojar o irritar; sus úlceras desaparecieron debido al equilibrio y serenidad emocional.

. AMO A LOS HOMBRES Y DETESTO A LAS MUJERES

Una secretaria privada vivía resentida con todas las compañeras de oficina; según ella la difamaban y calumniaban. Admitió que no le gustaban las mujeres cuando dijo: "Detesto las mujeres, pero me gustan los hombres".

Descubrí que se dirigía a las jóvenes que estaban bajo su cargo en un tono de voz agrio, imperioso e irritable. Ella misma anotó que las empleadas sentían cierta satisfacción en hacerle las cosas difíciles. Indudablemente usaba un tono de voz antipático y desagradable, por lo tanto no podía esperar que las chicas trabajaran con un sano espíritu de cooperación y amabilidad.

Algo funciona mal cuando son todas las personas de la oficina o fábrica que le fastidian a uno. Sabemos que un perro reacciona ferozmente cuando usted le teme o le fastidia; los animales perciben las vibraciones del subconsciente y reaccionan de acuerdo. La mayoría de los seres humanos indisciplinados son tan sensitivos como los perros, gatos u otros animales.

Sugerí a esta joven que odiaba a las mujeres, seguir un proceso de curación a base de plegaria, explicándole a ella el mecanismo. Cuando empezara a identificarse con sus valores espirituales y comenzara a afirmar las verdades vitales, su voz, maneras y odio desaparecerían completamente. Se sorprendió cuando supo que los sentimientos repulsivos se manifestaban en la forma de hablar, actuar, escribir y otras fases exteriores de la vida.

Cesó de actuar en su forma de resentimiento típico y antipático. Estableció un patrón de súplica y lo practicó concienzuda, regular y sistemáticamente en la oficina.

En la plegaria decía: "Pienso, hablo y actúo bondadosa, pausada y pacíficamente. En este instante irradio bondad, paz, tolerancia y amabilidad a todas las compañeras que me critican y difaman. Fijo mis pensamientos en la paz, armonía y buena voluntad hacia todas. Cada vez que quiera reaccionar negativamente, me diré a mí misma: —Estoy pensando, hablando y actuando según el principio de armonía, salud y paz que hay dentro de mí. La Inteligencia Creadora me dirige, regula y guía mis actos—".

La práctica de esta plegaria transformó su vida, y toda crítica y antipatía cesaron: las jóvenes se convirtieron en cooperadoras y amigas durante toda la jornada de trabajo. Descubrió que "no hay nada que se pueda cambiar sino uno mismo"

. SU PROPIA CONVERSACION·INTERIOR LE IMPEDIA SU PROMOCION

Un día vino a verme un vendedor, describiéndome las dificultades que tenía en su trabajo con el gerente de ventas de la compañía.

Trabajaba desde hacía diez años, con la empresa y no había reconocimiento o promoción de ninguna especie. Me demostró con cuadros estadísticos de ventas que las suyas eran proporcionalmente mayores que las de cualquier otro en su zona. Se lamentaba que los gerentes de ventas no le querían, le trataban injustamente; en las reuniones el gerente era muy áspero con él y en ocasiones ridiculizaba las sugerencias o propuestas suyas.

Le expliqué que la causa, estaba en el gran desacuerdo que él tenía dentro de sí mismo porque se sentía superior, así lo dejaba traslucir y los demás reaccionaban contra él. "Con la medida que midieres será medido". Su medida o concepto mental del gerente de ventas le hacía suponer que lo estaba obstaculizando, oponiéndosele: esto le hizo plasmar un resentimiento y hostilidad hacia el ejecutivo. Mientras trabajaba sostenía una vigorosa conversación consigo mismo, criticando, argumentando, recriminando y denunciando a su gerente de ventas. Indudablemente lo que expresaba mentalmente se devolvía contra él mismo.

Comprendió que su conversación interior era altamente destructiva, por la intensidad y fuerza de sus silenciosos pensamientos y emociones, condenando al gerente de ventas, lo cual penetraba en su propia mente subconsciente; ésta le traía una respuesta negativa de su jefe, así como también le creaban otros desórdenes personales físico-emocionales.

Para resolver esta situación empezó a rogar frecuentemente como sigue: "Soy el único pensador del universo. Soy responsable de lo que piense acerca de mi jefe. Mi gerente de ventas no es el responsable de la forma como yo piense de él. Rehuso dar lugar a persona o cosa alguna para que me obstaculice. Deseo prosperidad, éxito, paz mental y felicidad para mi jefe. Le deseo sinceramente el bien, y reconozco que él es guiado por la divina providencia en todos sus actos".

Repitió esta plegaria en voz semialta, lenta, sosegada y convincentemente, sabiendo que su mente es como un jardín, y que cualquier cosa que plantara en ella se cristalizaría como una semilla de cualquier clase que crece cuando se siembra.

Le enseñé la práctica mental antes de dormir, imaginándose a su gerente de ventas felicitándole por su loable trabajo, por su constancia y entusiasmo y por la maravillosa forma de corresponder con los clientes. Sintió esta realidad, sintió el apretón de manos, oyó el tono de su voz y le vió sonreir. Dramatizó una cinta cinematográfica mental, actuando lo mejor que pudo. Noche tras noche, pasó su cinta antes de dormir, sabiendo que su mente subconsciente era una placa receptiva sobre la cual su imaginación consciente quedaba impresa.

Gradualmente, por un proceso que podría llamarse ósmosis mental y espiritual, la impresión se transfirió a su mente subconsciente y la respuesta le llegó. El gerente de ventas le llamó a San Francisco de California, le felicitó y le dió una nueva asignación como gerente de la división de ventas, con un aumento de salario y teniendo a su cargo cien hombres. Cambió su prototipo, estimó a su jefe, y éste respondió de acuerdo.

. ADQUIERA LA MADUREZ EMOCIONAL

Lo que otra persona diga o haga no puede realmente obstaculizarlo o irritarle mientras usted no lo permita. La única forma en que alguien pueda obstaculizarlo es a través de su propio pensamiento. Por ejemplo, si usted tiene cólera, debe pasar por cuatro estados mentales: Empieze por pensar en lo que se dijo; decide encolerizarse y genera una emoción de rabia; luego, decide actuar. Quizá reaccionéis contra lo que se ha dicho o hecho. Como puede observar: pensamiento, emoción, reacción y acción tuvieron lugar en su mente.

Cuando adquiera la madurez mental, no responderá negativamente a las críticas o resentimientos de otros. Hacerlo así significa que ha descendido a un estado de baja vibración mentalunificándosecon la atmósfera negativa del otro. Identifíquese a sí mismo con su ansia de vivir y no permita que persona, lugar o cosa alguna lo desvíe de sus sentimientos íntimos de paz, tranquilidad y radiante salud.

. LO QUE SIGNIFICA EL AMOR EN LAS RELACIONES CON LOS DEMAS

Cuando a la personalidad le falta el amor, se marchita y muere según decía Freud, el austriaco fundador del sicoanálisis.

El amor incluye comprensión, buena voluntad y respeto por la divinidad de otra persona. A mayor amor y buena voluntad que usted irradie, mayor será el que reciba.

Si usted pica el *Yo* de los demás e intenta acabar con su autoestima, no podrán ganar su buena voluntad. Reconozca que todas las personas quieren ser amadas, apreciadas y sentirse importantes en el mundo. Comprenda que los demás están conscientes de su verdadero valor, y que en la misma forma que usted, sienten la dignidad de ser expresión del Unico principio que los anima a todos los hombres. Cuando comprenda esto y lo reconozca exaltará a la otra persona y ésta le retornará su amor y buena voluntad.

. DETESTABA AL PUBLICO

Me contaba un actor que el auditorio lo silbaba y boicoteaba desde que salía a escena. También me confesó que su papel estaba mal escrito y que indudablemente no hacía una buena actuación; admitió con franqueza que meses después le cogió odio al auditorio. Les llamaba idiotas, estúpidos, ignorantes, imbéciles, etc. En consecuencia se retiró de las tablas con disgusto y desde hacía un año trabajaba en una droguería.

Un día, un amigo le invitó a oir una conferencia en el Town Hall, de la ciudad de New York, sobre "Cómo entenderse usted mismo". Esta conferencia cambió su vida. Volvió a las tablas y empezó a suplicar sinceramente por el auditorio y por sí mismo. Antes y cada vez que debía aparecer ante el público, irradiaba amor y buena voluntad. De la súplica hizo un hábito porque la paz divina llenara el corazón de todos los presentes y que todos los presentes fueran elevados e inspirados. Durante cada presentación enviaba sus irradiaciones y vibraciones de amor al auditorio. Hoy es un gran actor, y él ama y respeta al público. Su buena voluntad y su estima se transmiten a los otros y fué sentido por ellos.

. COMO TRATAR CON GENTE DIFICIL

Hay gente difícil en el mundo; están mentalmente deformados y mal condicionados. La mayoría son delincuentes mentales, todo lo discuten, no cooperan, regañones, cínicos y agrios.

Muchas personas tienen mentes distorsionadas y deformadas, conformadas por su educación. Muchas son deformidades congénitas. No condene a una persona tuberculosa, no condene a una persona que esté mentalmente enferma. Por ejemplo: nadie odia o se resiente con un jorobado; hay muchos jorobados mentales. Téngales compasión y compréndalos. "Comprenderlo todo es perdonarlo todo".

. LA MISERIA BUSCA COMPAÑIA

La persona llena de odio, rencor, frustración, está en desacuerdo con el infinito. Se resiente de los que están en paz, felices y dichosos. Por lo general critica, condena y difama a quienes han sido buenos y bondadosos con él. Su actitud es ésta: ¿Por qué son tan felices cuando yo soy tan miserable? Quiere arrastrarlos hasta su nivel.

La miseria desea tener compañía. Cuando usted comprenda esto permanecerá impasible, calmado y desapasionado.

. LA PRACTICA DE LA SIMPATIA EN LAS RELACIONES CON LOS DEMAS

Una joven me visitó recientemente, declarándome que odiaba a otra joven compañera de oficina. Me contaba que la otra joven era más bonita, feliz y más saludable que ella y además era la prometida del jefe de la compañía con el cual se casó.

Un día después del matrimonio, la hijita del primer matrimonio de la mujer que detestaba fue a la oficina. La niña abrazó a su madre le dijo: "Mamá, mamá, yo quiero mucho a mi nuevo papá! Mira lo que me regaló", mostrándole a su madre un novedoso juguete.

La joven me dijo: "Mi corazón se volcó sobre la niña y reconocí lo feliz y contenta que se sentía. Me imaginé cuan feliz debía ser la madre; y al sentir repentinamente un profundo afecto, fuí hacia ella hasta su oficina para desearle sinceramente toda la felicidad del mundo".

Esto se llama simpatía o sea la proyección imaginativa de la actitud mental hacia la otra persona. Ella proyectó su disposición mental sobre el sentimiento de su corazón hacia la otra mujer, como si la niña fuera algo suyo. Había proyectado dentro de sí misma el placer que ambos sentían, miró la escena desde el punto de vista de madre de la niña.

. EL APACIGUAMIENTO NO SIRVE PARA NADA

No permita que los demás le aventajen y ganen su punto de vista con gritos, accesos de cólera, o síncopes simulados. Estas personas son dictadores que tratan de esclavizarle y hacerle su criado y servidor. Sea firme pero bondadoso y rehuse ceder un paso. El apaciguamiento o espíritu de conciliación exagerado nunca gana. Rehuse contribuir a su delincuencia, egoísmo o instinto de posesión. Recuérdelo: Haga lo que es correcto. Usted se halla aquí para llenar un ideal, para permanecer fiel a las verdades eternas y valores espirituales de vida que son eternos.

No dé a nadie el poder de sacarle de sus propósitos o ideales, del ansia de vivir, lo cual está expresado en su oculto talento para servir a la humanidad y para revelar más y más la sabiduría, verdad y belleza divinas a toda la gente del mundo.

Permanezca fiel a sus ideales. Tenga firmeza en sostener este principio: Lo que contribuya a la paz, felicidad y alegría actuará como una bendición para todos los seres de este mundo. La armonía del todo, pues el todo está en la parte y la parte está en el todo. Lo que debe ofrecer a los demás es amor y amor es el complemento de la salud, felicidad y paz mental.

. RESUMEN DE LOS PUNTOS SOBRESALIENTES

1. Su mente subconsciente es una máquina grabadora que reproduce sus pensamientos habituales. Crea en lo bueno de los demás y está trayendo la bondad hacia usted.

2. El resentimiento y el odio son venenos mentales. No piense mal de los demás, para que ellos no piensen mal de usted. Usted es el único pensador del universo; sus pensamientos son creadores.

3. Su mente es un medio creador; por lo tanto, lo que usted

piense y sienta de los demás, será su propia experiencia. Este es el significado sicológico de la Regla Aurea. Como usted crea que un hombre piensa de usted, así pensará usted de él.

4. Hacer trampas, robar o defraudar a otros es atraer desdichas, frustraciones y limitaciones de sí mismo. Lo que usted haga a otro se lo hará a usted mismo. Su mente subconsciente graba sus motivaciones internas pensamientos y sentimientos; siendo estos de una naturaleza negativa, la frustración, limitaciones y problemas se le presentarán de muchas maneras.

5. Lo bueno que usted haga, la bondad que usted irradie, el amor y buena voluntad que usted dispense, regresarán multiplicados en diferentes maneras.

6. Usted es el único pensador en el mundo. Usted es el responsable por la forma de pensar hacia ellos. Sus pensamientos se reproducen. ¿Qué piensa en estos momentos de sus compañeros?

7. Obtenga la madurez emocional; no impida que otras personas difieran de usted. Tienen el perfecto derecho a no estar de acuerdo con usted, y usted tiene la misma libertad en disentir con los demás. Usted puede disentir sin llegar a ser desagradable.

8. Los animales perciben sus vibraciones de temor y saltan sobre usted. Si usted ama los animales, nunca le atacarán. Muchos humanos indisciplinados son como los animales, muy sensitivos.

9. Su conversación interior, representa sus pensamientos y sentimientos silenciosos, que atraen las reacciones de los demás hacia usted.

10. Desea para otro lo que desees para tí. Esta es la clave de la relación armoniosa con los demás.

11. Cambie su concepto y estime a su empleado. Sienta y conózcalo practicando la regla áurea y la ley de amor y él responderá.

12. Nadie puede irritarle o inquietarle si usted no lo permite. Su

pensamiento es creador; bendígalo. Si alguien le llama a usted tonto, está en la obligación de contestarle "Que la paz divina llene tu alma".

13. El amor es la clave de caerle bien a los demás. El amor es comprensión; buena voluntad y respeto por la divinidad del otro.

14. Usted no odia a un jorobado. Le tiene compasión. Tenga compasión y comprenda a los jorobados mentales que han sido condicionados negativamente. Comprenderlo todo es perdonarlo todo.

15. Regocíjese en el éxito, promoción y buena fortuna de los demás. Al hacerlo así usted atraerá buena fortuna hacia usted.

16. No permita escenas emocionales y rabietas de los demás. El apaciguamiento nunca gana. No sea un adormecido. Sosténgase en lo correcto. Mantenga su ideal conociendo su prototipo mental el cual le dará paz, felicidad y orientación hacia lo correcto, bueno y verdadero. Lo que usted bendiga, será bendito.

17. Todo lo que debéis a los demás es amor y el amor es desear para alguien lo que se desea para sí. Salud, felicidad y todas las bendiciones de la vida.

Como utilizar la mente subconsciente para perdonar 17

COMO UTILIZAR LA MENTE SUBCONSCIENTE PARA PERDONAR

La vida no tiene favoritos. Dios es la vida y este principio vital fluye a través de todos y cada uno de nosotros en este momento. El principio vital gusta expresarse a sí mismo como armonía, paz, belleza, alegría y abundancia a través de usted. A esto le llama usted Voluntad Divina o la tendencia a la vida.

Cuando usted pone resistencia mental al fluir de la vida a través de su cuerpo, en su mente subconsciente se fijará esta congestión emocional, produciendo toda clase de condiciones negativas. La Voluntad Divina nada tiene que ver con las condiciones caóticas o desdichadas en que se desenvuelve este mundo. Todas estas condiciones son traídas por el pensamiento negativo y destructivo del mismo hombre. Por esta razón, es necedad culpar a la Voluntad Divina de nuestros problemas o penalidades.

Son muchísimas las personas que ponen resistencia para que les fluya el principio vital, acusándolo reprochándolo por las penurias, malestares y sufrimientos de la humanidad. Hay otras que le culpan por sus penas, dolores, pérdida de seres queridos y tragedias personales. Descargan su ira contra el principio divino y lo creen responsable de su miseria. Mientras esta gente sostenga tales conceptos negativos acerca del principio divino, experimentarán automáticamente las reacciones negativas de su mente subconsciente. En la actualidad, tales personas no saben, ignoran, que se están castigando a sí mismas. Es necesario que comprendan la verdad, que hallen la liberación y suspendan toda condenación, resentimiento y cólera contra cualquier poder ajeno a sí mismos. De otra manera, no podrán avanzar en prosperidad, felicidad o actividad creativa. En el instante que estas personas mantengan en su mente y en su corazón un Dios de amor y cuando crean que el principio divino en el Padre amoroso que los observa, los cuida, los guía, los sostiene y los fortalece, este concepto y creencia acerca del principio de vida o divino será aceptado por su mente subconsciente y les llegarán bendiciones innumerables.

. LA VIDA SIEMPRE PERDONA

Cuando usted se corta un dedo, la inteligencia subconsciente dentro de todos y cada uno de nosotros comienza inmediatamente a repararla. Nuevas células se reproducen formando el tejido que cubren la herida. Cuando coméis por error un alimento contaminado o dañado, la vida le provoca el vómito con el fin de conservarle. Si usted se quema la mano, el principio vital reduce el edema y la congestión, reproduce los tejidos y la piel.

La vida no tiene nada contra usted y siempre perdona sus errores. La vida nos devuelve la salud, vitalidad, armonía y paz, cuando usted coopera pensando en la armonía con la naturaleza.

Sus pensamientos negativos, dolorosos, mórbidos y la mala voluntad se posesionan y obstaculizan el fluído del principio vital en usted.

. COMO ELIMINO SU SENTIMIENTO DE CULPA

Conocí a un hombre que trabaja todos los días casi hasta la una de la mañana. No prestaba la debida atención a su mujer y sus hijos. Siempre estaba muy ocupado, trabajaba mucho. Creyó que la gente lo felicitaría por tanto empeño en su trabajo y su constancia de pasar la media noche en pleno trabajo. Sufrió una hipertensión y se sintió culpable. Inconscientémente había procedido a castigarse trabajando duro, olvidando completamente a su familia.

Un hombre normal no hace esto. Se interesa en sus hijos y en su desarrollo.

Le expliqué la razón de por qué trabajaba él tan árduamente, diciéndole: "Hay algo que lo está devorando, pues de otro modo no actuaría así. Se estaba castigando a sí mismo y ha aprendido a perdonarse usted mismo". Tenía un profundo complejo de culpa con su hermano.

Traté de convencerlo de que la Divina Providencia no lo estaba castigando, era él mismo quien se castigaba. Por ejemplo, cuando usted desprecia la ley vital, sufrirá de acuerdo con esto. Cuando usted pone su mano desnuda sobre un alambre de alta tensión, lo quemará. Las fuerzas de la naturaleza no son malvadas; es el uso de ellas lo que determina si tienen un efecto bueno o malo. La electricidad no es nociva; depende de como usted la use, ya sea para incendiar un edificio o alumbrar una casa. La única pena es la ignorancia de la ley y el único castigo, es la reacción automática del hombre que desprecia la ley.

Cuando usted emplea mal el principio de química, puede hacer explotar su laboratorio o la fábrica. Cuando usted golpea una tabla con su mano, es posible que se la lastime; el objeto de la tabla no es éste. El objeto puede ser recostarse en ella o para que soporte sus pies.

Este hombre comprendió que Dios no condena o castiga a nadie, y que todos sus sufrimientos se producían por la reacción de su mente subconsciente a los pensamientos destructivos. En alguna ocasión había engañado a su hermano y ahora éste no le prestaba atención. Aún estaba él lleno de remordimientos y culpa.

Le pregunté: ¿quiere engañar a su hermano de nuevo?

El contestó: No

Cuando le falló, se justificó alguna vez?

El contestó: Sí

Pero no lo ha hecho ahora?

Me contestó: Nó; estoy ayudando a otros que no saben como vivir".

Agregué a su comentario: "Usted tiene que perdonarse a sí mismo". El perdón es mantener los pensamientos sintonizados con la ley divina de armonía. La autocòndenación es llamada el infierno (esclavitud y restricción); el perdón se llama cielo (armonía y paz)". Tuvo una total recuperación por cuanto la pesada carga de culpa y autocondenación fueron eliminadas. El médico comprobó que su presión sanguínea se había normalizado. Al haber explicado su mal halló su remedio.

. UN ASESINO APRENDIO A PERDONARSE A SI MISMO

Hace algunos años me visitó un hombre que había asesinado a su hermano en Europa. Me explicó que su hermano se entendía con su esposa y que al descubrirle les había disparado en la confusión de tal momento; esto había sucedido quince años antes de nuestra entrevista. Poco después conoció a una muchacha americana con la cual se había casado, teniendo tres hermosos niños; estaba ocupando una posición en donde ayudaba a mucha gente; era otro hombre, se había transformado. Sin embargo sufría una profunda angustia y tortura mental, creyendo que Dios le castigaría.

Le expliqué cómo ya no era física y sicológicamente el mismo hombre que hacía quince años había matado a su hermano; pues según los científicos nos informan, las células del cuerpo cambian cada once meses; además, mental y espiritualmente era un hombre nuevo, amable, lleno de bondad y buena voluntad por los demás. El hombre "viejo" que había cometido el crimen, quince años antes, estaba mental y espiritualmente muerto. En este momento él estaba condenando a un hombre inocente.

Esta explicación causó un profundo efecto sintiendo como si un gran peso se hubiera quitado de encima; entonces comprendió el significado del versículo: "Venid ahora; razonemos juntos; aunque tu mal sea como la escarlata, será tan blanco como la nieve; aunque sea tan rojo como el carmesí, será tan blanco como la lana".

. LA CRITICA NO PUEDE HERIRLE MIENTRAS USTED NO LO CONSIENTA

Me contaba una maestra de escuela que uno de sus compañeros le escribió criticándola por una lección dictada con demasiada rapidez; no pronunciaba algunas palabras, la dicción era muy pobre y su discurso pésimo. La maestra se puso furiosa llena de resentimiento hacia el muchacho, pero admitió la crítica como justa; su primera reacción fué infantil reconociendo al fin que la nota recibida era benéfica y maravillosa. Procedió inmediatamente a corregir sus deficiencias de dicción tomando un curso de "Cómo hablar en público" en el City College.

Luego escribió y agradeció al autor de la nota por su interés expresándole gran aprecio por sus conclusiones, lo cual le había permitido una oportuna y adecuada corrección.

. COMO SER COMPASIVO

Supongamos que ninguna de las cosas dichas en la carta mencionada hubiese sido verdad. La maestra habría comprendido que el tema de la clase había alterado los prejuicios, supersticiones o creencias sectáreas del autor de la nota y simplemente habría visto la expresión de una persona enferma vaciando su resentimiento, como si una caldera sicológica lo hubiera impulsado.

Para comprender este fenómeno se necesita compasión. Usted no podrá ser herido cuando comprenda que tiene la clave de los pensamientos, reacciones y emociones. Las emociones siguen a los pensamientos, y usted tiene el poder de rechazar todos los pensamientos que puedan perturbarlo o trastornarlo.

. ABANDONO EL ALTAR SIN CELEBRARSE EL CASAMIENTO

Hace algunos años fuí a una iglesia para celebrar un matrimonio. El novio no apareció. Al cabo de dos horas la novia rompió a llorar diciendo: "Le rogué a la Divina Providencia me asistiera con su iluminación, y esta es la respuesta. Si no ha venido, quizás haya sido lo mejor para ambos".

Cualquier otra persona en un estado similar se habría dejado llevar por un estado emocional, terminando en gritos, tomando sedantes y hasta hospitalizada.

Sintonícese con la Inteligencia Infinita que permanece en el subconsciente, escúdese en la respuesta que reciba en la misma forma que un niño se escuda en los brazos de su madre. Es así como usted puede obtener la salud y el equilibrio emocional.

. EL MATRIMONIO ES ALGO MALVADO, LA VIDA SEXUAL ES UNA COSA MORBIDA Y YO SERIA UNA MALVADA, DIJO ELLA

Hace algún tiempo entrevisté a una joven de 21 años de edad. Se había educado en un ambiente rancio e insano, le habían enseñado que era pecado bailar, jugar a las cartas, nadar o salir con un hombre.

La joven vestía siempre de negro, no usaba ninguna clase de maquillaje pues según su madre era pecado, quien además le añadía que todos los hombres eran perversos, que el sexo era cosa maligna, cual libertinaje endiablado.

Concluí que esta joven debía aprender a perdonarse a sí misma pues se sentía llena de culpas. Perdonar significa dar. Ella debía cambiar sus falsas creencias por las verdaderas vitales y una estimación de sí misma. Cuando salía con jóvenes de la empresa donde trabajaba, tenía un profundo sentimiento de culpa y sentía que Dios la iba a castigar. Varios jóvenes le habían propuesto matrimonio, pero según me contó: "Era un error casarse. El sexo es algo perverso y yo sería malvada". Era la voz de la conciencia y acondicionamiento mental mal formado desde su infancia.

Estuvo visitándome una vez a la semana y le enseñé como trabajan las mentes consciente y subconsciente, tal como yo le expliqué en este libro. Comprendió que había sufrido un embrutecimiento cerebral, hipnotizada y condicionada por su madre ignorante, supersticiosa, fanática y frustrada. Se separó de su familia; empezó a vivir una vida normal y maravillosa. Siguió mis consejos, se vistió mejor, concurrió a los salones de belleza, tomó lecciones de baile con un profesor y también aprendió a conducir carro. Aprendió a nadar, jugar las cartas; aceptó muchas invitaciones y citas; empezó a amar la vida. Suplicó por tener un compañero adecuado y pidió al infinito espíritu traerle un hombre que armonizara con su modo de ser. Esto se llevó a cabo una tarde cuando salía de mi oficina, había un joven esperánme y los presenté; hoy están casados y armonizan entre sí perfectamente.

. PERDONAR ES NECESARIO PARA CURARSE DE CIERTAS ENFERMEDADES

Y cuando estéis orando, perdonad si tenéis algo contra alguno, para que también os pérdone a vosotros vuestras ofensas.

Perdonar a otros es esencial para la paz mental y salud radiante. Es necesario que perdonéis a todos los que os han hecho mal, si queréis la paz y el bienestar perfectos. Perdonarse a sí mismo es poner vuestros pensamientos en armonía con la ley y orden divinos. Realmente no pueden perdonarse a sí mismos hasta cuando usted no haya perdonado a los demás. Rehusar perdonarse a sí mismo es ni más ni menos que el orgullo o ignorancia espiritual. La medicina psicosomática de hoy, sostiene el hecho que todos los sentimientos, condenaciones, hostilidad y remordimientos, son la causa de un prototipo mental que producen enfermedades que van desde la artritis hasta los desórdenes cardíacos. Recalcan que estas personas enfermas han sido maltratadas, heridas, golpeadas, injuriadas y guardan odio y resentimientos contra sus opresores. Esto produce sangrantes heridas en la mente subconsciente. Hay una sola medicina que puede curar sus heridas: Perdonando.

PERDON ES AMOR EN ACCION

Lo esencial en el arte de perdonar, es tener el deseo auténtico de hacerlo. Cuando usted desea perdonar sinceramente a otro, tiene el cincuenta por ciento a su favor. Perdonar a los demás no significa necesariamente el que deba tener relaciones con él o se asocie a él. Usted no puede ser obligado a querer a alguien, ni puede imponérsele leyes que le obliguen a tener buena voluntad, amor, paz o tolerancia. No es posible amar a las personas porque emitan una ley a tal efecto. Se deduce entonces que se puede amar a otros, sin que necesariamente nos gusten.

"Amaos los unos a los otros". De esto, todos y cada uno de nosotros puede hacerlo quien realmente lo desse. Amar significa desear a los demás salud, felicidad, paz, alegría y todas las bendiciones de vida. Sólo existe un requisito; ser sincero. Usted no es del todo magnánimo cuando perdona; en cierto modo hay egoísmo por cuanto usted piensa en ello y lo siente. Como usted crea y piense, así será. ¿Hay algo más simple que esto?

. TECNICA DEL PERDON

El método expuesto a continuación es muy sencillo, obrará maravillosamente en su vida cuando lo practique: tranquilice su mente, relájese y siga adelante. Piense en el principio divino tantas veces citado, piense en su amor por usted y afirme: "Perdono total y libremente a Fulano de Tal (mencione el nombre del ofensor); lo libero mental y espiritualmente. Perdono totalmente cualquier cosa relacionada con el problema en cuestión. Soy libre y él (o ella) es libre. Es un sentimiento maravilloso. Es mi día de olvido general, libero a todas y cada una de las personas que me han ofendido y les deseo a todas ellas prosperidad, felicidad, paz y todas las bendiciones de la vida. Lo hago libre, alegre y amorosamente y cualquier cosa que yo piense de la persona o personas que me han ofendido, diré: –La he liberado y todas las bendiciones de la vida sean con ella. Soy libre y él será libre". Los resultados son maravillosos.

Una vez que usted ha perdonado con toda sinceridad a la persona es necesario repetir la plegaria, este es el gran secreto del perdón. Si la persona permanece en su mente o la ofensa particular por ella inferída surja a su mente, elimínela diciendo: "La paz sea contigo". Hágalo así muy a menudo cuando el pensamiento entre en su mente. Usted hallará que después de pocos días el pensamiento o experiencia retornará cada vez con menos intensidad, hasta desaparecer.

. LA PRUEBA ACIDA DEL PERDON

El oro se prueba con ácido. Hay también una prueba ácida para el perdón. Si yo le contara algo extraordinario de alguien que usted no quiere porque le ha engañado, o defraudado, y usted se enfurece al oir noticias buenas de su eventual enemigo, esto significaría que las semillas del odio están todavía en su mente subconsciente disponibles a hacer estragos con usted.

Supongamos que haya tenido un doloroso abceso dental hace un año y usted me lo cuenta; si yo le preguntara si ha tenido casualmente disgusto en este momento, al contármelo, con toda seguridad que me contestará: "Por supuesto que nó; tengo recuerdo de ello pero no disgusto". He aquí la clave. Usted guarda memoria del incidente pero no sufre por ello. Es esta la prueba del ácido y es necesario comprenderla sicológica y espiritualmente; de otro modo está simplemente obstaculizándose a sí mismo y no está practicando el verdadero arte del perdón.

. PARA COMPRENDER ES NECESARIO PERDONAR

Cuando un hombre comprende la ley creativa de su mente, cesa de culpar a los demás y las condiciones que obstaculizan su vida. Sabe que son sus propios pensamientos y sentimientos los que crean su destino. Además está consciente que lo externo no es la causa condicionadora de su vida y experiencias. Creer que otros puedan destruir nuestra felicidad, que usted es la pelota de un cruel destino, que usted necesita oponerse y pelear con los demás para poder vivir, todas estas y otras cosas parecidas son insostenibles una vez comprenda que sus pensamientos son cosas factibles.

"Lo que un hombre piensa en su corazón, así será".

. RESUMEN DE LOS PUNTOS MAS SOBRESALIENTES

1. El principio vital no respeta a nadie. La vida no tiene favoritos. El principio vital parece favorecerle cuando usted se sintonice a sí mismo con el principio de armonía, salud, alegría y paz.

2. El principio vital no envía ni enfermedades, ni accidentes, ni sufrimientos. Nosotros atraemos estas cosas sobre sí mismos por nuestros propios pensamientos destructivos negativos basados en la ley "lo que sembramos, recogeremos".

3. Su convicción sobre el principio vital es la cosa más importante de su vida. Si usted está convencido realmente de la existencia del Amor Divino, su mente subconsciente responderá dándole innumerables bendiciones. Crea en el Amor Divino.

4. El principio vital no guarda rencor alguno contra nadie. La vida jamás condena. La vida cura una profunda cortada en su mano. La vida le perdona cuando se quema un dedo, reduciendo el edema y restaurando la parte afectada perfecta y totalmente.

5. El complejo de culpa es un falso concepto del principio vital ni nos castiga, ni nos juzga. Usted se castiga o juzga a sí mismo por sus falsas creencias, pensamientos negativos o autocondenación.

6. El principio vital, ni condena ni castiga. Las fuerzas naturales no son malvadas; es el efecto de su uso. Depende de como utilice usted el poder que están dentro de ellas. Usted puede utilizar la electricidad para matar a alguien e iluminar su casa. Puede utilizar el agua para ahogar a un niño o calmar la sed. El bien o el mal respaldan el

pensamiento y el propósito en la propia mente del hombre.

7. El principio vital jamás castiga. Los hombres se castigan a sí mismos por su falso concepto de Dios, de la vida, y del universo. Sus pensamientos son creadores y ellos crean su propia miseria.

8. Si alguien le critica y estas faltas son ciertas, alégrese y aprecie el comentario. Esto le da la oportunidad de corregirse.

9. No volverá a ser herido por la crítica cuando comprenda que usted es la clave de sus pensamientos, reacciones y emociones. Esto le dará la oportunidad para rogar y bendecir a los demás, y en consecuencia, a sí mismo.

10. Cuando suplique para obtener guía y actuar correctamente, tómelo tal como venga. Comprenda que es bueno y muy bueno. Entonces no habrá causa para autoapiadarse, odiarse o criticarse.

11. No hay algo que sea bueno ni malo, sólo el pensamiento así lo hace. No hay nada malo en el sexo, el deseo de comida, prosperidad, riqueza o expresión perfecta; depende de como utilice estas necesidades, deseos o aspiraciones. Sus deseos por alimentarse pueden lograrse sin matar a alguien para conseguirlo.

12. El resentimiento, el odio, mala voluntad y hostilidad están detrás de un pesado fardo de malestares. Perdónese a sí mismo y a los demás, irradiando amor, vida, alegría, buena voluntad para todos aquellos que le ofendan. Continúe hasta cuando traspase su mente y tenga verdadera paz con ellos.

13. Perdonar es dar algo –Dar amor, paz, alegría, sabiduría y todas las bendiciones de la vida a los demás, basta que no haya dolor en vuestra mente. Es esta la prueba del ácido del perdón.

14. Supongamos que usted haya tenido un abceso dental hace un año, era muy doloroso. Pregúntese a sí mismo, ahora duele? La respuesta será negativa. En forma semejante si alguien le ha ofendido, calumniado, herido, ultrajado, su pensamiento contra esta persona es negativo? . Se enfurece cuando lo recuerda? Si es así, las raíces

del odio están allí, vivas y destruyéndole. La única manera de eliminarlas es con amor, deseándole a la persona ofensora todas las bendiciones divinas, hasta el instante en que el recuerdo de la persona no le mortifique y reaccione con una bendición de amor y paz. Esto es el significado de "perdona setenta veces siete".

El subconsciente elimina los obstáculos mentales

18

EL SUBCONSCIENTE ELIMINA LOS OBSTACULOS MENTALES

El problema trae consigo la respuesta. La respuesta está dentro de cada problema.

Si usted se encuentra ante una situación apremiante y no ve la salida fácilmente pruebe el mejor procedimiento suponiendo que la Inteligencia Infinita, localizada dentro de nuestra mente subconsciente, lo sabe todo y lo ve todo; ella tiene la respuesta y se la revelará en cualquier momento. En este instante, su actitud mental debe tener bien presente que la Inteligencia Creadora producirá la respuesta permitiéndole encontrar el camino abierto para poder manifestarse. Compenétrese con la idea de que esta actitud mental trae orden, paz y bienestar por encima de cualquier obstáculo.

. COMO ELIMINAR O FORJAR UN HABITO

El hábito es una función de la mente subconsciente; somos criaturas llenas de hábitos. Aprendamos a nadar, montar en bicicleta, bailar y conducir un vehículo por la constante repetición de los mismos actos hasta imprimirlos en la mente subconsciente; entonces, la acción automática del hábito (automatismo reflejo) es recogida y condicionada en el subconsciente. Por esta razón se lo llama segunda naturaleza; en realidad es una reacción de la mente subconsciente que le obliga a pensar y actuar.

Somos libres de escoger un hábito malo o bueno. Cuando repetimos constantemente un pensamiento negativo o actuamos negativamente durante un cierto período de tiempo, quedaremos sometidos al hábito, bajo el impulso o compulsión.

COMO ELIMINAR UN MAL HABITO

El señor Jones me comentó: "Un deseo incontrolable me impulsa a beber y permanecer bebiendo hasta dos semanas seguidas. No me ha sido posible eliminar este terrible hábito"

Me confesó que a fuerza de voluntad era capaz de suprimir el deseo temporalmente, pero su esfuerzo persistente no hacía sino, agravar las cosas. Pasado un tiempo recaía en el infortunado vicio, bebiendo con exceso. Sus repetidos fracasos le impedían controlar el hábito y perdía las esperanzas de curación. La idea de tal imposible se convertía en poderosa sugestión en su mente subconsciente, agravando su debilidad, convirtiéndose su vida en una gigantesca dificultad.

Había empezado a beber por iniciativa propia pero llegó a comprender que debía cambiar este hábito negativo por uno nuevo. Le enseñé la manera de armonizar las funciones de las mentes consciente y subconsciente. Cuando las dos cooperan se realiza la idea o deseo implantados. El razonaba comprobando al mismo tiempo que su hábito le condujo al desastre; sabía que su vicio destructivo era un reflejo condicionado o hábito adquirido con beneplácito consciente. Comprendió que si éste le había condicionado por sí mismo negativamente, también podía condicionar otro positivamente hasta lograr la libertad, sobriedad y paz mental. En consecuencia, aceptó la idea de triunfo y descartó la imposibilidad de vencer el mal hábito. Se dió cuenta que no existían obstáculos para su curación, sino los creados por su propio pensamiento; luego, no era necesario hacer un gran esfuerzo o ejercer coerción mental.

EL PODER DE LA IMAGEN MENTAL

El señor Jones por culpa de la bebida había perdido el contacto con su familia; no le permitían visitarla y su esposa no le dirigía la palabra.

Se propuso practicar la relajación corporal y mantenerla en estado de somnolencia meditativa. Después reemplazó su prototipo negativo ocupando su mente con la imagen del fin deseado; sabía que su mente subconsciente le acogería. Visualizó a su hija fecilitándole, diciéndole: "Papá, es maravilloso tenerte de nuevo en casa".

Con regular y sistemática perseverancia todos los días se sentaba para meditar sobre el prototipo imaginado. En cuanto su atención se dispersaba, recalcaba de nuevo su imagen mental, veía a su hija sonriéndole; oía su voz, veía la escena hogareña, llegando a su casa nuevamente para llenarla con su presencia.

Esta práctica fue reacondicionando su mente gradualmente, la sostuvo con constancia; sabía que tarde o temprano establecería en su subconsciente este nuevo prototipo mental.

. CONCENTRANDO LA ATENCION

Le expliqué se podía comparar su mente consciente a una cámara fotográfica; la mente subconsciente era la placa sensible sobre la que él registraba e imprimía su imagen. Esto le impresionó y con toda su alma mantuvo en su mente el nuevo deseo de corregirse y allí lo desarrolló.

Comprendiendo que su mente subconsciente era la película impresa por la mente consciente, no hizo esfuerzo alguno; no se produjo lucha mental. Tranquilamente ajustó sus pensamientos y enfocó su atención en el nuevo prototipo de su mente, hasta lograr identificarse con éste. Se absorbió en su nueva atmósfera interior, repitiendo cada vez que le era posible, su cinta mental.

Cuando sentía el impulso de beber, lo borraba de su mente y renacía el deseo de estar con su familia.

Tuvo éxito puesto que se sentía seguro de que tarde o temprano, viviría la imagen creada en su mente. Hoy se siente muy feliz, es el presidente de una compañía que tiene un capital de varios millones de dólares.

DECIA QUE LA MALA SUERTE LO PERSEGUIA

El señor Block tenía una entrada anual de veinte mil dólares, pero se quejaba de que en los tres últimos meses todas las puertas se le habían cerrado.

Me explicaba que llevaba al cliente hasta el punto de firmar el negocio y que entonces la puerta se le cerraba. Sostenía que quizás la mala suerte le perseguía.

Discutiendo el asunto con el señor Block, descubrí que hacía precisamente tres meses antes había tenido un disgusto muy serio con un odontólogo porque después de haberle prometido firmar un contrato, se había arrepentido en el último momento, por esta razón le guardaba un profundo rencor. Pero empezó a sentir insconscientemente un profundo temor de que los demás clientes hicieran lo mismo, estableciendo así un estado de frustración, hostilidad e inseguridad que le creaban el obstáculo. "Lo que tu tomas te llegará"

El señor Block comprendió que su problema estaba en su propia mente y que era esencial cambiar su actitud.

Rompió este período que llamaba de mala suerte, así: "Comprendo que estoy unido a la Inteligencia Infinita de la mente subconsciente la cual no conoce obstáculos, ni dificultades, ni demoras. Vivo en alegre expectativa de algo mejor. Mi mente responde a mis pensamientos. Sé que el trabajo del poder indinito de la mente subconsciente no puede perderse. La Inteligencia Infinita siempre termina con éxito lo que empieza. La sabiduría creadora obra a través de mí para llevar al éxito todos mis proyectos y propósitos. Todo lo que comience lo llevaré a feliz término. Mi meta en la vida es dar un maravilloso servicio y todos aquellos con quienes yo tenga contacto quedarán complacidos con lo que ofrezco. Todo mi trabajo es fruto del orden divino".

Repitió su plegaria, por la mañana antes de levantarse y por la noche antes de acostarse. Al poco tiempo había restablecido un nuevo hábito en su mente subconsciente, eliminando el prototipo negativo anterior; se convirtió en un vendedor con éxito.

. HASTA QUE PUNTO QUIERE USTED LO QUE DESEA

Un día le preguntó un joven a Sócrates: ¿Cómo puedo llegar a ser sabio? Sócrates le respondió: Ven conmigo. Lo llevó a la orilla de un río, se metió con él en el agua y luego le sumergió la cabeza dentro de ella; lo mantuvo así hasta cuando el muchacho forcejeó por librarse y entonces lo soltó; el muchacho respiró ansiosamente. Cuando el muchacho se calmó, Sócrates le preguntó: ¿Qué fué lo que más deseaste cuando teníasla cabeza dentro del agua? El muchacho dijo: Aire.

Sócrates añadió: "Entonces cuando aspires a la sabiduría con las mismas ansias con que deseabas el aire, la recibirás".

En la misma forma cuando tengáis el intenso deseo de vencer cualquier obstáculo en la vida, debéis tener una clara visión de que hay un medio de obtenerlo, seguid este medio, así aseguraréis la victoria y el éxito esperado: Si deseáis la paz y la calma interior, realmente la obtendréis. No toméis en cuenta cuan injustamente habéis sido tratados o lo desleal de vuestro jefe, o la picardía de que se ha valido otro; nada de esto interferirá en el éxito cuando se despierta en vosotros el poder mental y espiritual.

Usted sabe lo que quiere, rehuse definitivamente permitir a los ladrones en su interior (pensamientos de odio, ansiedad, hostilidad, mala voluntad) le quiten la paz, armonía, prosperidad, salud y felicidad. Evite dejarse llevar por los demás, por las circunstancias, noticias o sucesos, identificando sus pensamientos inmediatamente con su meta en la vida. Vuestra es la paz, prosperidad, salud, inspiración, armonía, abundancia. Siente en este instante un río de paz, fluyendo a través de usted. Su pensamiento es una potencia invisible e inmaterial y sólo usted puede escoger la dicha, la inspiración y la paz.

. POR QUE NO PODIA CURARSE

He aquí la historia de un hombre casado, padre de cuatro niños, que mantenía relaciones secretas con otra mujer durante sus viajes de negocios.

Vivía enfermo, nervioso, de mal humor y neurótico; sufría de insomnio y no podía conciliar el sueño si no tomaba drogas. El médico le diagnosticó una hipertensión arterial; además sufría de dolores en diferentes órganos, cuyos orígenes, los médicos no habían podido diagnosticar. Las cosas eran aún peores pues era un bebedor consuetudinario.

Había violado los votos matrimoniales y esto le mantenía turbado; su credo religioso, plasmado en su subconsciente le hacía sentir culpable. Aquí estaba la causa real de sus males; había adquirido una profunda e inconsciente enfermedad llamada complejo de culpa y bebía en exceso para acallarlo, cual enfermo que se autorreceta, en este caso ingiriendo alcohol.

Así como algunos enfermos inválidos calman sus dolores a base de morfina o cocaína, él tomaba alcohol para adormecer y tratar de cicatrizar la herida mental que le obsesionaba. Hacía lo del antiguo refrán: "Echaba leña al fuego".

. LA EXPLICACION Y LA CURA

Le expliqué cómo funcionaba su mente. Escuchó y comprendió; encaró su problema, lo examinó y decidió abandonar su doble juego. Sintió que bebía para escapar a sus errores. Debía cambiar la causa secreta arraigada en su mente subconsciente para alcanzar la curación de su mal.

Utilizó la siguiente plegaria, tres o cuatro veces al día, con el fin de impresionar su mente subconsciente: "Mi mente está llena de paz, equilibrio, y serenidad. El poder infinito reposa alegremente en mí, y no tamo a nada, ni al pasado, ni al presente, ni al futuro. La Inteligencia Infinita de mi mente subconsciente me conduce, guía y dirige todos mis actos. Afrontaré cualquier circunstancia con fé, calma, equilibrio, seguridad y confianza. Estoy completamente libre de mi hábito. Mi mente está llena de paz, alegría y libertad. Me perdono a mí mismo, y me siento perdonado. La paz, sobriedad y confianza inundan totalmente mi mente".

Repitió esta plegaria frecuentemente, sabiendo lo que estaba haciendo y por qué lo hacía. Al comprender y convencerse de la importancia de sus propias palabras sintió la fé y confianza que necesitaba.

Le expliqué que al repetir las frases en voz alta, lenta, y con afecto acabaría por transferirlas poco a poco a su subconsciente cual semillas sembradas que crecen y fructifican.

"La luz disipa las tinieblas". Estas verdades, sobre las cuales se concentró penetraron en lo hondo de su alma; logró oir y sentir las vibraciones curativas de tales palabras, alcanzando por fin su mente subconsciente, hasta eliminar todo prototipo negativo que habían ocasionado su malestar. En un mes escaso se curó, transformándose en un hombre nuevo.

. ¿ REHUSA ADMITIRLO?

La mayoría de las personas conservan un mal hábito porque rehusan ellos admitirlo. Si usted es alcohólico o drogadicto, empiece por aceptar que lo es; no intente negarlo sacándole el cuerpo al asunto. Su mal está representado por una inestabilidad, un temor interior, una profunda creencia. Rehusa afrontar la vida, tratando de escapar a sus responsabilidades por medio de la bebida. No tienen fuerza de voluntad, ni libre albedrío, aun cuando piensan que la poseen y se ufanan de ellos.

El bebedor consuetudinario dice vanidosamente: "No probaré un trago más", pero nunca tiene suficiente poder de voluntad para convertir esta afirmación en una verdad porque él no sabe dónde está localizada la fuerza para lograrlo. Vive en una prisión sicológica creada por él mismo; se halla atado por sus creencias, opiniones, costumbres e influencias del medio ambiente. Como la mayoría de las personas usted es una criatura hija del hábito.

. FORMESE LA IDEA DE LIBERTAD

Construya en su mente la idea de paz y libertad, hasta alcanzar las profundidades del subconsciente que es todopoderoso y le liberará de cualquier deseo negativo, ya sea alcohol o droga. Teniendo una nueva comprensión de cómo trabaja la mente subconsciente, puede hacer sus propias afirmaciones y probar el resultado omnipresente. Haga la prueba.

. CURADO EN UN CINCUENTA Y UN POR CIENTO

Cuando se tienen ardientes deseos de librarse de un hábito destructor significa que ya se ha ganado la mitad del camino.

Si el deseo de vencer un vicio es mayor que el de continuar con él, no tendréis dificultad en alcanzar el éxito.

Cualquiera que sea el pensamiento elaborado en la mente, ésta lo aumentará. Si fijáis la mente en el espíritu de liberación (dejar un hábito) y en la paz mental y la mantenéis enfocada en la "pantalla de la liberación", generaréis emociones y sentimientos que gradualmente fijarán el concepto de libertad y paz. Cualquier imagen que acepte su subconsciente, la realizará.

. LA LEY DE SUSTITUCION

Usted no sufre en vano y no tiene sentido el continuar sufriendo. Comprenda que algo bueno puede surgir del sufrimiento.

Cuando la persona continúa siendo un alcohólico, produce un deterioro físico-mental.

Comprenda que el poder del subconsciente lo respalda.

Lo mismo puede decirse si está triste, melancólico; empiece a imaginarse la alegre libertad que está almacenada dentro de usted.

Esta es la ley de sustitución. En la misma forma como la imaginación lo conduce a la bebida; deje ahora que lo conduzca a la libertad y paz mental.

Al principio sufrirá un poco, pero su propósito es curativo; sopórtelo como la madre soporta los dolores del parto y dará a luz un nuevo hijo de la mente; su subconsciencia dará a luz la sobriedad.

CAUSA DEL ALCOHOLISMO

La verdadera causa del alcoholismo es un pensamiento negativo destructivo. Lo que un hombre piense, así será. El alcohólico tiene un profundo sentido de inferioridad, ineficiencia, defectos, pereza y frustración, acompañado de un profundo sentimiento de hostilidad. Encuentra innumerables excusas para "tomar", pero la única razón está en su pensamiento.

LOS TRES PASOS MAGICOS

Primero: Detenerse; aquietar los torbellinos mentales. Entrar en estado somnoliento. En este estado receptivo, pacífico, relajado queda preparado para el segundo paso.

Segundo: Escoger una frase breve, sencilla, fácilmente grabable en la memoria y repetirla una y otra vez, como una susurrante canción de cuna. Utilice la frase: "La sobriedad y la paz mental son ahora mías, y estoy agradecido por esto". Para evitar que la mente se disperse, dígalo en voz alta y siga con labios y lengua la pronunciación de la afirmación mental que usted hace. Esto le ayudará a alcanzar el nivel de la mente subconsciente; hágalo durante más de cinco minutos; hallará una profunda respuesta emocional.

Tercero: En el preciso instante de dormirse practique lo que hacía Johann von Goethe, el gran poeta alemán. Imagínese al amigo que más estima, sentado frente a usted. Cierre sus ojos, relájese y permanezca sosegado. Oígale decir al amigo "Felicitaciones", véalo sonreir, escuche su voz. Toque mentalmente su mano; haga esta escena tan real y vívida como le sea posible. La palabra *Felicitaciones* implica la completa y total libertad. Escúchelo una y otra vez hasta obtener las reacciones del subconsciente que os llene de satisfacción .

. SEA CONSTANTE

Cuando el temor golpee a la puerta de su mente, o cuando la preocupación, la ansiedad o la duda crucen por su mente, manténgase firme, siga contemplando la meta o propósito. Piense en el Infinito Poder que existe en la mente subconsciente que puede ser generado por su imaginación y pensamiento; le dará confianza, vigor y valor. Sea constante; persevere hasta que en el amanecer de un nuevo día se disipen las tinieblas.

. RESUMEN DE LOS PUNTOS MAS SOBRESALIENTES

1. La solución está en el problema mismo. La respuesta está dentro de cada pregunta. La Inteligencia Infinita le responderá cuando usted la llame lleno de fe y confianza.

2. El hábito es una función de la mente subconsciente. No hay mayor evidencia que el asombroso poder del subconsciente plasmado en la fuerza de los hábitos adquiridos durante nuestras vivencias. El hombre es el resultado de sus hábitos.

3. Usted va formando hábito en la mente subconsciente repitiendo un pensamiento y actuando una y otra vez hasta establecer la impresión prototipo en la mente subconsciente, convirtiéndose en un autómata: baila, escribe, camina, nada, conduce un automóvil.

4. Usted tiene la libertad de escoger. Puede obtener un hábito bueno o malo. La plegaria es un buen hábito.

5. Cualquier imagen mental, apoyada por la convicción que usted sostenga en su mente consciente, la cristalizará su mente subconsciente.

6. El único obstáculo de su éxito es su propio pensamiento, su propia imagen mental.

7. Cuando su imagen se disperse, regrésela a la contemplación de su meta. Conviértalo en un hábito. Con esto se disciplina la mente.

8. Su mente consciente es una cámara fotográficasy su mente subconsciente es la placa sensitiva sobre la cual se imprime o registra la imagen.

9. La única mala suerte que le puede perseguir es su constante y repetido pensamiento de temor. Rómpala, sabiendo que cualquier cosa que empiece debe terminarla. Imagínese el final feliz y sosténgalo con toda confianza.

10. Para reformar un nuevo hábito debe estar plenamente convencido de su necesidad. Si sus intenciones de eliminar un mal hábito son superiores a las de continuarlo, tiene la mitad del camino a su favor.

11. Lo que digan los demás no puede herirle excepto que usted admita en sus pensamientos que tengan participación mental. Identifíquese a sí mismo con su meta de paz, armonía y alegría. Usted es el único pensador del universo.

12. Beber excesivamente es un deseo insconsciente de escape. La causa del alcoholismo es un pensamiento negativo destructivo. La cura está en creerse libre, sobrio y perfecto hasta sentir la emoción de haberse liberado del vicio.

13. Mucha gente sigue siendo alcohólica porque niega admitir que lo es.

14. La ley de la mente subconsciente, que le mantiene maniatado e inhibido para actuar libremente, le dará la libertad y felicidad ansiadas. Depende de cómo la use.

15. Su imaginación le guía hacia la bebida convirtiéndole en un esclavo, deje que le conduzca hacia la liberación de su vicio empezando por imaginar que usted ya es libre.

16. La causa real del alcoholismo es el pensamiento negativo destructivo. "Como un hombre piense en su corazón (mente subconsciente), así será él".

17. Cuando el temor toque a la puerta de su mente, tenga fé en la ley divina, en la ley de todas las cosas buenas y se abrirán sus puertas.

Elimine el temor utilizando la mente subconsciente 19

ELIMINE EL TEMOR UTILIZANDO LA MENTE SUBCONSCIENTE

Me contaba un estudiante que al ser invitado a decir un discurso durante un banquete, se había azarado muchísimo. La sola idea de hablar ante tanta gente le llenó de temor. Sin embargo, resolvió vencerlo y se sentó durante varias noches en un cómodo sillón, diciéndose a sí mismo, en una forma positiva, sosegada y tranquila: "Debo eliminar este temor; lo estoy venciendo en este momento. Estoy tranquilo y es muy fácil lograrlo. Hablaré con confianza y sosiego". Repitió esta frase durante cinco minutos cada vez, con lo cual puso a funcionar una definida ley mental, venciendo así el temor.

La mente subconsciente se deja impresionar y controlar por la sugestión. Cuando usted se relaja, aquieta su mente y los pensamientos de su mente consciente se transfieren a la mente subconsciente mediante un proceso parecido a la ósmosis; por este proceso los fluidos que se encuentran separados por una membrana porosa se intermezclan, pasando a uno y otro lado. Cuando estos pensamientos o semillas crecen, fructificando según la especie; usted se convierte en una persona equilibrada, calmada y sosegada.

. EL MAYOR ENEMIGO DEL HOMBRE

Se dice que el miedo es el mayor enemigo del hombre. El miedo es un pensamiento, una cosa formada por su mente y usted le tiene miedo a sus propios pensamientos. El miedo está detrás del fracaso, de la enfermedad y de las pobres relaciones con los demás. Es muchísima la gente que le teme al pasado, al futuro, a la vejez, a la enfermedad y a la muerte.

Un niño puede paralizarse de miedo cuando se le dice que hay un fantasma bajo su cama y que se lo va a llevar. Pero cuando su padre enciende la luz y le demuestra que no hay tal fantasma bajo su cama, pierde el miedo. El miedo en la mente del niño era tan real como el fantasma bajo su cama; estaba paralizado por el falso pensamiento que le habían hecho crear, pero comprobó que lo que él temía no existía. En esta misma forma sus temores no tienen razón de ser. Son realmente un conjunto de sombras siniestras y las sombras no tienen una realidad concreta.

HAGA LO QUE TANTO TEME

El filósofo y poeta Ralph Waldo Emerson dijo: "Haga aquello que usted teme hacer y lo eliminará".

Al principio de mis conferencias me llenaba siempre de terror cuando me paraba ante el auditorio. La forma como lo vencí fue parándome ante el auditorio y haciendo aquello que me atemorizaba, dictar la conferencia; eliminé el temor y aún continúo dictando mis conferencias.

Al afirmar positivamente que desea vencer sus temores, su mente consciente toma una decisión definitiva liberando el poder del subconsciente, este fluye respondiéndole, de acuerdo con la naturaleza de sus pensamientos.

DESTERRO SU TEMOR

Una joven cantante fue invitada a dar una audición. Sinembargo, en tres ocasiones anteriores había fracasado debido a su temor al público y ahora estaba preocupada por su próxima presentación.

Sabía que tenía una voz estupenda, pero estaba segura que al momento de cantar el temor se apoderaría de ella. Le tenía mucho temor al público. La mente subconsciente acoge los temores como si fuesen órdenes, acondiciona su manifestación y los trae a sus actos diarios. En las tres ocasiones anteriores había cantado notas equivocadas, desafinaba y finalmente se paralizaba. Tal como lo señaló antes, la causa era una autosugestión involuntaria y desfavorable, es decir: un pensamiento de silencioso temor, emocionalizado y subjetivizado.

Logró vencerlo así: Sabía que la inercia física favorece la necesaria pasividad mental, por tanto se encerraba tres veces al día en una habitación. Se sentaba en un cómodo sillón, relajaba totalmente su cuerpo y luego aquietaba totalmente su pensamiento, cerraba los ojos, colocaba la mente en estado receptivo; luego, contraatacaba la sugestión negativa del temor por su contraria, se decía a sí misma: "Estoy confiada en mí misma". Repitió de cinco a diez veces estas palabras en forma serena, lenta y llena de convicción. Al final de una semana estaba completamente tranquila y segura de sí misma. Su audición fue definitivamente asombrosa. Mató el miedo, enfrentándose a él.

. EL TEMOR AL FRACASO

Constantemente venían a verme los jóvenes, así como también algunos profesores de la universidad local, para que les resolviera su grave problema: amnesia sugestiva causada por los exámenes. La queja era siempre la misma: "Sé las respuestas después de terminar el examen, pero no puedo recordarlas durante el mismo".

La idea que se realiza por sí misma, es aquella en la cual hemos concentrado invariablemente nuestra atención. Encontré que todos y cada uno de ellos se obsesionaban con la idea del fracaso. Tras la amnesia total se encuentra el temor y es la causa de tal experiencia.

Un joven estudiante de medicina era el más brillante de su clase, sin embargo no lograba responder la pregunta más sencilla durante los exámenes orales o escritos. Le expliqué la razón: Desde varios días antes del examen se preocupaba y temía el fracaso. Estos pensamientos negativos llegaba a cargarse de temor.

Los pensamientos implicados en la poderosa emoción de temor son llevados a la realidad por la mente subconsciente. En otras palabras, este joven le pedía a su mente subconsciente hacerlo fracasar y esto era lo que ella hacía. Al llegar el día del examen estaba obstaculizado por lo que se llama en los círculos sicológicos "amnesia sugestiva"

COMO VENCIO EL MIEDO

Aprendió que su mente subconsciente era el almacén de la memoria y que ella tenía una perfecta recopilación de todo lo que había oído y leído durante su estudio de medicina. Además, aprendió que la mente subconsciente era dócil y recíproca; el medio de mantenerse en contacto con ella era permanecer relajado, tranquilo y lleno de confianza en sí mismo.

Todos los días, por la mañana y por la noche imaginaba a su madre felicitándolo por el éxito de sus estudios. Sostuvo en sus manos una carta de ella. A medida que empezó a contemplar el feliz resultado, provocó la respuesta adecuada o reacción recíproca dentro de sí mismo. El poder omnisapiente y omnipotente del subconsciente tomó el mando, dictó y dirigió su mente consciente de acuerdo. Se imaginó haber realizado su objetivo y por esta razón obtuvo los medios de verlo realizado. Siguiendo este procedimiento, no tuvo problemas de pasar los exámenes subsecuentes. En otras palabras, la sabiduría subjetiva tomó el mando, impulsándolo a realizarse con todo éxito.

TEMOR AL AGUA, MONTAÑAS, LUGARES CERRADOS, ETC.

Hay muchas personas que temen entrar a un ascensor, escalar montañas o nadar. Quizá la persona haya tenido una experiencia desagradable en el agua durante su niñez, tal vez por haber sido lanzado a una piscina violentamente sin saber nadar. Tal vez estuvo detenido forzosamente dentro de un ascensor, que falló en un momento dado, causándole el temor consiguiente a los lugares cerrados.

Tuve una experiencia a los diez añosde edad. Me caí accidentalmente en una piscina y me sumergí tres veces hasta el fondo. Aún recuerdo las aguas oscuras que cubrían mi cabeza y mi deseo de respirar, hasta cuando otro muchacho me sacó en el último momento. Esta vivencia quedó grabada en mi mente subconsciente y por muchos años tuve miedo al agua.

Un sicólogo muy veterano me dijo: "Vete a una piscina, mira el agua y dile en tono fuerte –Voy a dominarte, te puedo dominar! – Entonces tírate al agua, aprende a nadar yvencerás el miedo". Hice esto y dominé el agua, no permití que el agua me dominara. Recuerde, usted también puede dominar el agua.

Cuando adopté la nueva actitud mental, respondió el poder omnipotente del subconsciente dándome valor, fé y confianza, permitiéndome vencer el miedo.

. TECNICA CLAVE PARA VENCER CUALQUIER TEMOR

Durante mucho tiempo he enseñado a través de mis conferencias una técnica maravillosa. Pruébela!

Supongamos que le teme al agua, a la montaña, a una entrevista, a un auditorio o a lugares cerrados.

Por ejemplo, si teme nadar, empiece por sentarse cinco o diez minutos, tres o cuatro veces al día e imagínese nadando; realmente usted está nadando mentalmente. Es una experiencia subjetiva. Mentalmente se ha lanzado al agua, sentirá el frío y los movimientos de sus brazos y piernas; es una actividad mental real, vívida y agradable. No es tontería soñar despierto por cuanto usted sabe que lo que está sintiendo en su imaginación se desarrollará en su mente subconsciente. Luego se verá impulsado a expresar la imagen tal como el prototipo que usted imprimió en su mente más profunda. Esta es la ley del subconsciente.

Puede aplicar la misma técnica si le teme a las montañas o lugares elevados. Imagínese subiendo la montaña, sintiendo la realidad de todos los detalles, manosée el escenario, sabiendo que al continuar haciéndolo mentalmente, le será más fácil lograrlo físicamente.

VENCIO SU TEMOR AL ASCENSOR

Conocí al ejecutivo de una compañía que se atemorizaba al abordar un ascensor. Todas las mañanas subía cinco tramos de escaleras. Me contó que comenzó alabando al ascensor cada noche y varias veces al día. Finalmente venció el miedo. Así era como alababa el ascensor: "El ascensor de nuestro edificio es una magnífica idea. Provino de la mente universal. Es una dádiva y una bendición para todos nuestros empleados. Les presta un maravilloso servicio, trabaja por orden divina. Lo montaré con paz y alegría. Permanezco en silencio mientras las corrientes de vida, amor y paz fluyen a través de los patrones de mis pensamientos. Me imagino estar ahora en el ascensor y subir en él hacia mi oficina. El ascensor está lleno de empleados, les hablo y ellos son amistosos, alegres y libres. Es una maravillosa experiencia de libertad, fe y confianza. Estoy agradecido".

Continuó su plegaria durante diez días y al onceavo, entró en el ascensor con otras personas de la compañía y se sintió en total libertad.

. TEMOR NORMAL Y ANORMAL

El hombre nace con dos temores; el temor a caer y el temor al ruido. Es una especie de sistema de alarma que le ha dado la naturaleza como medio de auto conservación. El temor normal es bueno, usted oye venir por la calle un automóvil y da un salto para salvarse. El temor de ser atropellado es vencido por su acción. Los demás temores fueron condicionados en usted por sus padres, parientes, maestros y todos aquellos que lo han influenciado desde la niñez.

. MIEDO ANORMAL

El miedo anormal aparece cuando el hombre permite que su imaginación desvaríe. Conocí a una mujer que fué invitada a hacer un viaje alrededor del mundo en avión. Empezó a recortar los artículos periodísticos de todas las catástrofes aéreas; se vió lanzada al océano, ahogándose, etc. Esto es miedo anormal. Si hubiese insistido en ésto, indudablemente habría atraído lo que más temía.

He aquí otro ejemplo de miedo anormal. Un negociante de New York era próspero y afortunado. Tenía su propio cinematógrafo mental del cual era director. Pasaba y repasaba su cinta mental llena de fracaso, bancarrota, estantes vacíos y desequilibrio bancario hasta cuando se sumió en una profunda depresión. Rehusó parar esta morbosa imaginación y se mantuvo recalcándole a su esposa: "Esto no puede durar", "Habrá un receso", "Con seguridad vamos hacia la bancarrota", etc. Su esposa me contó que finalmente quebró y todas las cosas que imaginó y temió sucedieron. Las cosas que temía no existían, pero las trajo al hecho por su constante temor, creencia y expectación del desastre financiero.

"Las cosas que temas caerán sobre tí".

Hay personas que temen que algo terrible le sucederá a sus hijos o que algo catastrófico caerá sobre ellos. Cuando leen sobre una epidemia o enfermedad rara, viven con el temor de que los alcance y algunos hasta se imaginan que ya tienen la enfermedad. Todo esto es temor anormal.

. LA RESPUESTA AL TEMOR ANORMAL

Permanecer en el extremo del temor es estancarse en una mayor deteriorización mental y física. Cada vez que surja el miedo, piense inmediatamente en lo contrario trayendo a su mente un deseo que lo sea; mantenga su atención sobre este deseo, absórbase y sumérjase en él, sabiendo que lo subjetivo cambia lo objetivo. Esta actitud le dará confianza y realzará su espíritu. El infinito poder de la mente subconsciente vendrá en su ayuda y no fracasará. Por lo tanto, tendrá como respuesta paz y seguridad.

. EXAMINE SUS TEMORES

Me contó el presidente de una gran compañía que cuando él era vendedor acostumbraba a caminar cinco o seis veces la cuadra antes de visitar a un cliente. El gerente de ventas se le acercó un día y le dijo: "No le tema al cliente fantasma que se halla detrás de la puerta. Tal fantasma no existe. Es una falsa creencia". Cuando le tengo miedo a algo, lo enfrento, y lo miro a los ojos. Entonces, el temor se disipará y se vuelve insignificante.

. ATERRIZO EN LA SELVA

Un capellán me relató un caso vivido por él en la segunda guerra mundial. Aterrizó en la selva después de haberse lanzado en paracaídas desde un aeroplano averiado. Estaba aterrorizado, pero sabía que sólo hay dos clases de miedo, el normal y el anormal.

Decidí inmediatamente que debía hacer algo para evitar el temor y comencé a hablar conmigo mismo: "John, no puedes sucumbir al miedo, tu miedo es un deseo de hallar salida, salvarte, estar seguro".

Empecé a suplicar: "Inteligencia Infinita que guías los planetas en su curso, ahora estás guiando y dirigiendo mis pasos para sacarme de esta selva". Durante unos diez minutos repetí estas palabras en voz bastante alta. De pronto sentí un estremecimiento y una gran confianza se apoderó de mí. Empecé a caminar y después de algunos días de marcha, salí milagrosamente de la selva, fuí rescatado.

El cambio de actitud mental lo salvó. Su confianza y creencia en la sabiduría y poder subjetivo dentro de él fué la solución a su problema.

Me comentó: "Si hubiera empezado a lamentarme por mi suerte

y hubiese dejado surgir mis temores, habría sucumbido ante el monstruo del miedo y probablemente hubiera muerto de hambre e inanición".

. CONSPIRARON CONTRA EL

Durante una reciente gira mundial que hice dictando mis conferencias tuve una conversación de dos horas con un alto oficial de gobierno. Poseía un profundo sentido de paz y serenidad interiores. Me contó que jamás le perturban las injurias lanzadas a través de la prensa o por el partido de oposición. "Durante quince minutos todas las mañanas me siento y me imagino tener dentro de mí un profundo y tranquilo océano de paz"; al meditar en esta forma generaba un tremendo poder que vencía cualquier temor o dificultad. En alguna ocasión le llamó un colega hacia la medianoche para informarle que un grupo de personas estaba conspirando contra su vida. Su respuesta fué la siguiente: "Me voy a acostar a dormir ahora en perfecta paz. Discutiremos el asunto mañana a las diez. Yo sabía que ningún pensamiento negativo debía turbar la paz de mi espíritu excepto que yo le diera cabida y lo aceptará mentalmente. Rehuso mantener la sugestión del temor y por esa razón no puede hacerme daño".

Observe cuan tranquilo estaba, cuan calmado y sereno. No se excitó, ni se tiró de los cabellos, ni retorció sus manos. En su centro estaba siempre la paz interna y la calma que necesitaba.

LIBRESE A SI MISMO DE TODOS LOS TEMORES

Utilice la fórmula perfecta para eliminar todos sus temores.

"Llamé al Señor y él me oyó, librándome de todos mis temores".

El Señor es la antigua palabra que significa ley. El poder de la mente subconsciente.

Aprenda las maravillas de su subconsciente y como trabaja y funciona. Vuélvase un experto (maestro) en las técnicas dadas en este capítulo. Póngalas en práctica ya! Su subconsciente responderá y lo librará de todos los temores.

. RESUMEN DE LOS PUNTOS MAS SOBRESALIENTES

1. Haga las cosas que tema hacer y elimine el temor. Dígase a sí mismo: "Seré el amo del temor" y lo será.

2. El temor es un pensamiento negativo de su mente. Suplántelo por un pensamiento constructivo. El miedo mata miles de personas. La confianza es más fuerte que el temor. Nada es más poderoso que la fé en el Principio Divino.

3. El temor es su mayor enemigo. Está destrás del fracaso, enfermedad y malas relaciones con los demás. El amor eliminó el temor. El amor es un agregado emocional a las cosas buenas de la vida. Enamórese con honestidad, integridad, justicia, buena voluntad y éxito. Viva en la alegre expectación de lo mejor e invariablemente lo mejor vendrá a usted.

4. Contraataque las sugestiones del miedo, con el opuesto, tal como: "Canto divinamente, estoy seguro, tranquilo y en calma". Le dará buenos dividendos.

5. El temor respalda la amnesia en el momento del examen oral o escrito. Usted puede vencerlo afirmando frecuentemente: "Tengo una memoria perfecta para todo lo que necesito saber" o puede imaginarse a un amigo felicitándolo por su brillante éxito en los exámenes. Persevere y vencerá.

6. Si usted teme nadar; nade libre y alegremente en su imaginación, mentalmente tírese al agua, sienta lo fría que está y la emoción de nadar a través de la piscina. Hágalo real, al hacerlo subjetivamente estará impulsándose para entrar al agua y conquistarla. Esta es la ley mental.

7. Si teme usted a los lugares cerrados, tales como teatros, auditorios, ascensores, etc., súbase al ascensor alabando todas sus partes y funciones. Verá como el miedo desaparecerá rápidamente.

8. Nacemos solamente con dos tipos de temores: el temor a caer y el temor al ruido. Todos los demás temores son adquiridos. Elimínelos!

9. El temor normal es bueno. El temor anormal es muy malo y destructivo. La constante tolerancia de pensamientos de temor produce el miedo anormal, obsesiones y complejos.

10. Puede usted vencer el temor anormal cuando sepa que el poder de su mente subconsciente puede cambiar las condiciones y traer a la realidad los profundos deseos de su corazón. Póngale atención inmediata y devoción a su deseo que sea opuesto al temor. Esto es el amor que elimina el temor.

11. Cuando usted tema un fracaso póngale atención al éxito. Si teme una enfermedad, siéntase en perfecta salud. Si usted teme un accidente, pida la guía y protección divinas. Si usted tiene miedo a la muerte, sumérjase en la vida eterna. Dios es la vida y él es ahora su vida.

12. La gran ley de sustitución es la respuesta al miedo. Cualquiera que sea su temor tiene una solución en la forma de su deseo. Si está enfermo, desee salud. Si está aprisionado por el temor, desee la libertad. Espere lo bueno. Mentalmente concéntrese en lo bueno y reconozca que su mente subconsciente le responderá siempre. Nunca le fallará.

13. Las cosas que usted teme no existen sino a través de sus pensamientos. Los pensamientos son creativos. Por eso se dice: "Lo que temo caerá sobre mí". Piense en lo bueno y lo bueno le llegará.

Cómo permanecer espiritualmente joven 20

COMO PERMANECER ESPIRITUALMENTE JOVEN

Su mente subconsciente nunca envejece. No tiene tiempo, ni edad ni fin. Es una parte de la mente universal divina que nunca ha nacido y nunca morirá.

La vejez o fatiga no pueden predicarse como alguna cualidad o poder espiritual. La paciencia, la bondad, la veracidad, la humildad, la buena voluntad, la paz, la armonía y el amor hacia los demás son atributos y cualidades que nunca envejecen. Mientras usted continúe generando estas cualidades sobre el plano de esta vida, siempre tendrá un espíritu joven.

Recuerdo haber leído, hace algunos años, un artículo en una revista en donde un grupo de eminentes médicos de De Courcy Clinic, Cincinnati, Ohio, informaban que no sólo los años eran responsables de nuestros desórdenes degenerativos. Estos mismos médicos establecieron causas, tales como: miedo al tiempo, no al tiempo en sí mismo, sino al dañoso efecto del envejecimiento en nuestras mentes y cuerpos; el temor neurótico de los efectos del tiempo podría muy bien ser la causa del envejecimiento prematuro.

Durante mis muchos años de vida pública he tenido la oportunidad de conocer las bibliografías de hombres y mujeres famosos que han continuado sus actividades productivas después de los años establecidos como útiles. Algunos obtienen su esplendor en la vejez. Al mismo tiempo, he tenido el privilegio de encontrarme y conocer innumerables personas comunes y corrientes que, en su reducida esfera, pertenecen a los endurecidos mortales que han probado la vejez en sí mismos sin destruirles ni la mente ni el cuerpo.

. ENVEJECIO A TRAVES DE SU VIDA MENTAL

Hace pocos años visité a un viejo amigo en Londres, Inglaterra. Tenía más de ochenta años de edad, muy enfermo y obviamente se debía a su avanzada edad.

Nuestra conversación me reveló su debilidad física, su sentido de frustración y la deteriorización general al acercarse al final de su vida. Su queja consistía en que era un inútil y que nadie esperaba nada de él; con una expresión de desesperanza traicionaba su falsa filosofía: "Hemos nacido, crecido, envejecido, sin servir para nada y esto es el final".

Esta actitud mental de futilidad y vileza era la razón primordial de estar enfermo. Miró el futuro solo como la senectud y después de esto nada. En realidad, había envejecido a través de su vida mental y la mente subconsciente había hecho realidad toda la evidencia de su pensamiento habitual.

.LA EDAD ES EL PRINCIPIO DE LA SABIDURIA

Desafortunadamente, muchas personas tienen la misma actitud de este infeliz hombre. Temen lo que llaman "vejez", el final y la extinción, con lo cual realmente expresan su temor a la vida. Sin embargo, la vida no tiene final. La edad no es el paso de los años, sino el amanecer de la sabiduría.

La sabiduría es el vigilante del tremendo poder espiritual de su mente subconsciente y el conocimiento de como aplicar estos poderes para llevar una vida abundante y feliz.

Elimine la idea, una vez por todas, que tener más de sesenta y cinco años de edad es sinónimo de su exterminio o cualquier otra cosa. Puede ser el comienzo de un prototipo de vida mucho mejor, más productiva, gloriosa, fructífera, activa.

RECIBA BIEN EL CAMBIO

La vejez no es un hecho trágico. Lo que llamamos envejecimiento es realmente un proceso de trasmutación. Recíbala con alegría y placer, así como cada fase de la vida humana es un paso avante en el interminable camino de la existencia.

El hombre tiene poderes que trascienden sus potencias corporales. Tiene sentidos que trascienden los cinco sentidos físicos.

Los investigadores han hallado hoy, evidencia indiscutible, de algo en el hombre que puede dejar su cuerpo presente y viajar miles de kilómetros para ver, oir, tocar y hablar a las personas aún cuando su cuerpo físico nunca deje el sillón donde está reclinado.

La vida en el hombre es espiritual y eterna. Nunca necesita envejecer pues el principio vital o vida divina no pueden envejecer. Dios es la vida, la vida se renueva a sí misma, es eterna, indestructible y es la realidad de todos y cada uno de los hombres.

EVIDENCIA PARA SOBREVIVIR

La evidencia reunida por las sociedades de investigación físicas tanto en Gran Bretaña como en América es abrumadora. Usted puede ir a las grandes bibliotecas metropolitanas e investigar en los volúmenes The Proceedings of the Phychical Research Society los ensayos y hallazgos sostenidos por eminentes científicos sobre la supervivencia en el más allá o de lo que continúa a lo que llamamos muerte. Usted podrá encontrar un punto de comienzo sobre la realidad de la vida después de la muerte en "El caso para supervivencia síquica" de Hereward Carrington, Director del American Psychical Institute.

LA VIDA ES

Una mujer le preguntó a Señor Edison el sabio electricista "Señor Edison, qué es la electricidad"

El contestó: señora la electricidad es, úsela!

Electricidad es el nombre que le hemos dado a un poder invisible que no hemos podido comprender, sinembargo hemos aprendido todo lo que hemos podido sobre el principio eléctrico y lo usamos en diferentes formas.

Los investigadores no han visto un electrón con sus ojos y aceptan su existencia como un hecho científico, por cuanto es la respuesta válida que coincide con otras evidencias experimentales.

No podemos ver la vida. Sin embargo, sabemos que estamos vivos. La vida es y nosotros estamos aquí para expresarla en todo su esplendor y belleza.

. LA MENTE Y EL ESPIRITU NO ENVEJECEN

"Y esta es la vida eterna, que comprendan que eres la única verdad divina". El hombre que piensa o cree que el ciclo terrestre de nacimiento, crecimiento, adolescencia, juventud, madurez y vejez es todo lo que hay que vivir, es digno de piedad. Tal persona no tiene equilibrio, ni esperanza, ni visión y la vida para él no tiene significado alguno.

Este tipo de creencia trae frustración, estancamiento, cinismo y un sentido sin esperanza terminando en neurosis y aberraciones mentales de toda especie. Si usted no puede jugar un partido de tenis rápido, o nadar tan rápido como su hijo, o si su cuerpo ha perdido la ligereza y camina a paso lento, recuerde que la vida está renovandose siempre a sí misma.

Lo que se llama muerte es un viaje hacia un nuevo mundo localizado en otra dimensión de la vida.

Siempre he dicho en mis conferencias que se debe aceptar lo que llamamos vejez con alegría. La edad tiene su propia gloria, belleza y sabiduría que permanecen con ella. La paz, el amor, la alegría, la felicidad, la sabiduría, la buena voluntad, y el entendimiento son cualidades que nunca envejecen ni mueren.

El filósofo y poeta Ralph Waldo Emerson dijo: "Nosotros no tenemos en cuenta los años de un hombre hasta cuando él no tiene nada más que contar".

El carácter, la calidad mental, la fe y la convicción no están sujetas a decadencia.

. USTED ES TAN JOVEN COMO PIENSA QUE LO ES

De vez en cuando dicto conferencias públicas en Caxton Hall, Londres, Inglaterra. Después de una de estas conferencias, un cirujano se me acercó y me dijo: "Tengo ochenta y cuatro años, opero todos los días por la mañana, visito mis pacientes en la tarde y en la noche, escribo artículos para revistas médicas y científicas".

Su actitud me indicó que se sentía tan útil como creía serlo y que era tan joven como sus pensamientos. Me dijo: "Tiene razón en lo que usted dice: El hombre es tan fuerte como cree que lo es y tan útil como se crea". Este anciano no cedió ante los años, sabía que era inmortal.

Finalmente me comentó: "Si mañana muero, estaré operando gente en la otra vida, no con el bisturí del cirujano, sino con cirugía espirtual y mental".

. LAS CANAS SON UN CAPITAL

No abandone su actividad diciendo: "Estoy retirado, estoy viejo, estoy acabado". Sería el estancamiento, la muerte y estaría realmente acabado".

Algunos hombres ya se sienten viejo a los treinta, mientras que otros son aún jóvenes a los ochenta.

La mente es nuestro maestro tejedor, el arquitecto, el diseñador y el escultor. George Bernard Shaw era aún activo a los noventa años y las cualidades artísticas de su mente no se habían cansado de la árdua labor.

Muchas personas me cuentan como algunos empresarios les tiran la puerta en la cara, en cuanto les dicen que tienen más de cuarenta años. Esta actitud, por parte de los empresarios debe considerarse como fría, endurecida, perversa y totalmente falta de comprensión y entendimiento. El énfasis general tiende hacia la juventud; es decir, debe tener menos de treinta y cinco años de edad para que se le preste atención.

El lógico razonamiento tras esta actitud es verdaderamente muy estrecho. Si el empresario se toma el trabajo de pensar, comprenderá que las personas no están vendiendo su edad o sus canas, sino su talento, su experiencia y su sabiduría obtenida a través de años de árdua labor en el camino de la vida.

. LA EDAD ES UN CAPITAL

Su edad es un capital distinto al de cualquier otra organización, puesto que usted practicó y aplicó los principios de la regla áurea y la ley de amor y buena voluntad. Sus canas, si tiene usted algunas, representan una mayor sabiduría, habilidad y entendimiento. Su madurez emocional y espiritual es una bendición poderosa para cualquier organización.

A un hombre de sesenta y cinco años no debe sugerírsele que se retire. Es esta la época de la vida en que se puede ser más útil en el manejo de problemas personales, haciendo planes para el futuro, tomando decisiones y guiando a otros en el dominio de las ideas creadoras basadas sobre su experiencia y perspicacia en la naturaleza de los negocios.

. SEA LO QUE ES SU EDAD

Un escritor de guiones cinematográficos en Hollywood me contó que había sido obligado a escribir textos correspondientes a la inteligencia de un niño de doce años. He aquí un estado de cosas trágicas si se espera a que las gentes lleguen a tener madurez emocional y espiritual. Significa que la tendencia predominante va hacia la juventud a pesar del hecho de que la juventud representa la inexperiencia, falta de discernimiento y un razonamiento apresurado.

. PUEDO COMPARARME CON EL MEJOR DE ELLOS

Recuerdo a un hombre de sesenta y cinco años que luchaba desesperadamente por mantenerse joven. Todos los domingos nadaba con los jóvenes, hacía grandes caminatas, jugaba tenis y se vanagloriaba de sus proezas y vigor físico, diciendo: "Miren, puedo competir con el mejor de ellos".

Debía recordar la gran verdad: "Como un hombre piensa que és en su corazón, así será él".

Dietas, ejercicios y juegos de toda clase no mantendrían a este hombre joven. Es necesario para él comprender que envejecerá o permanecerá joven de acuerdo con su proceso mental. Su mente subconsciente es condicionada por sus pensamientos. Si piensa constantemente en la belleza, nobleza y bondad permanecerá joven no importa los años que tenga.

. EL TEMOR A LA VEJEZ

"La cosa que más tememos, nos caerá encima".

Hay personas que temen la vejez; viven inciertos por lo futuro, anticipan el deterioro mental y físico cuando avancen sus años. Los que ellos creen y piensen, les pasará.

Envejecerá cuando pierda el interés en la vida, cuando cese de soñar, buscar nuevas verdades e investigar cosas nuevas que se puedan conquistar. Cuando la mente está abierta a nuevas ideas, nuevos intereses, levante la cortina y deje que la luz del sol e inspiración de nuevas verdades vitales y universales penetren en su mente, será joven y vigoroso.

USTED TIENE MUCHO QUE DAR

Aún cuando tenga usted más de sesenta y cinco años comprenda que tiene mucho que dar. Usted puede ayudar a estabilizar, aconsejar y dirigir la generación más joven. Puede aportar el beneficio de su conocimiento, su experiencia, su sabiduría. Usted puede mirar siempre adelante en todo momento, contemplando la vida infinita. Hallará que nunca cesará de descubrir los esplendores y maravillas de la vida.

Intente aprender algo nuevo todos los días y encontrará que su mente siempre es joven.

. TENIA CIENTO DIEZ AÑOS DE EDAD

Hace algunos años, mientras dictaba una conferencia en Bombay, India, me presentaron a un hombre que tenía ciento diez años de edad. Tenía la cara más hermosa que jamás había conocido. Parecía transfigurado por la radiación de una luz interna. Tenía una rara belleza en sus ojos indicando que había envejecido en años con alegría y sin que su mente hubiese perdido brillantez.

EL RETIRO, UNA NUEVA AVENTURA

Asegúrese que su mente nunca retroceda. Debe ser como un paracaídas que se abre. Abrase y reciba nuevas ideas. He visto hombres retirados mayores de sesenta y cinco años, daban la impresión de haberse dañado hacía apenas unos pocos meses. Era evidente que ellos mismos sentían llegar el final de su vida.

El retiro puede ser una nueva aventura, un nuevo desafío, un nuevo camino, el principio de la realización de un gran sueño. Es muy deprimente oir decir a un hombre: "Qué haré ahora que estoy retirado? . En realidad está diciendo "Estoy física y mentalmente muerto. Mi mente está arruinada".

Todo esto es una falsa imagen. La verdad real es aquella que puede completar más cosas a los noventa que a los sesenta, puesto que cada día que pasa crece en sabiduría y experiencia de la vida. Su universo ha crecido mediante nuevos conocimientos.

SE GRADUO EN UN TRABAJO MEJOR

Cerca a mi casa vivía un ejecutivo que hacía pocos meses había sido obligado a retirarse por tener sesenta y cinco años. Me decía: "Veo mi retiro como una promoción de kinder a primaria". Había razonado en esta forma. "Cuando terminé el bachillerato subía el escalón que me llevó a la Universidad". Comprendió que había dado un paso hacia adelante en su educación y entendimiento general de la vida. En forma similar, ahora podía hacer las cosas que siempre había deseado hacer, y por tanto consideraba su retiro como un paso hacia adelante, en la escalera de la sabiduría y de la vida.

Concluyó sabiamente que no necesitaba concentrarse en la sola idea de ganarse la vida. Ahora podía darle toda su atención a vivir la vida. Era fotógrafo aficionado y tomó cursos adicionales sobre fotografía; hizo un viaje alrededor del mundo, tomando películas de los lugares de mejor interés. Hoy dicta conferencias ante grupos, clubes y tiene mucho pedido.

Hay innumerables formas de interesarse en otras cosas que en nosotros mismos. Entusiásmese con nuevas ideas creadoras, haga nuevos progresos espirituales y continúe aprendiendo y creciendo. De esta manera mantendrá un corazón joven, puesto que usted está hambriento y sediento de nuevas verdades y su cuerpo reflejará en todo momento su modo de pensar.

ES NECESARIO SER UN PRODUCTOR Y NO UN PRISIONERO DE LA SOCIEDAD

La prensa reconoce el hecho de que en California los debates electorales son ganados por personas de edad madura. Esto significa que sus voces serán oídas en la legislación de los estados y también en los salones del Congreso. Creo que será emitida una ley que defenderá a los empleados, prohibiendo a los empresarios la discriminación contra personas de cierta edad.

Un hombre de sesenta y cinco años puede ser mental, física y sicológicamente tan joven como uno de treinta. Es absurdo y ridículo decirle a un hombre que no puede ser empleado porque pasa de los cuarenta años. Es como si se le dijera que está listo para ser echado a la basura o para formar un montón de chatarra.

Qué debe hacer un hombre que tenga más de cuarenta años? Debe enterrar su talento o esconderlo bajo un barril? Los hombres que son impedidos y obstaculizados para que trabajen por tener mucha edad deben ser sostenidos por el estado a nivel municipal, departamental, nacional, estatal, etc. Las diferentes organizaciones que rehusan emplearlos y aprovecharse de su sabiduría y experiencia deben pagar impuesto para sostenerlos. Esto es una forma de suicidio financiero.

El hombre está aquí para gozar los frutos de su labor y está aquí para producir y no ser un prisionero de la sociedad, que de esta manera lo impulsa a la ociosidad.

A medida que pasan los años el cuerpo humano se vuelve lento, pero su mente consciente se hace mucho más activa, viva, despierta, rápida para inspirar a su mente subconsciente. Su mente en realidad nunca envejece.

"Oh quien me volviese como en los meses pasados, como en los días en que el Señor me guardaba; cuando hacía brillar su lámpara sobre mi cabeza y cuando por su luz yo caminaba a través de la oscuridad. Tal como fuí en los días de mi juventud, cuando el secreto divino estaba sobre mi tienda".

. EL SECRETO DE LA JUVENTUD

Para recuperar los días de su juventud, sienta el poder milagroso, curativo y renovante de su mente subconsciente movilizándose a través de su ser total.

Sabed y comprended que estáis inspirados, elevados, rejuvenecidos, revitalizados y reforzados espiritualmente. Es necesario que hirváis de entusiasmo y alegría, como en los días de vuestra juventud, por la simple razón de que podéis mental y emocionalmente, recuperar la alegría.

La luz que brilla sobre vuestra cabeza es la Inteligencia Divina y os revelará cualquier cosa que necesitéis saber; os capacita para afirmar la presencia de vuestro bien, sin tener en cuenta las apariencias Avanzaréis con la guía de la mente subconsciente, porque la aurora aparece y las sombras se desvanecen.

. MANTENGA UNA INTELIGENTE VISION

En vez de decir: "Soy viejo"; diga: "Soy sabio en el camino del principio divino". No permitáis que la interpretación de los periódicos o las estadísticas mantengan en vuestra mente una imagen de vejez, decrepitud, senilidad o inutilidad. Rehaga todo esto, pues es una mentira. Rehuse ser hipnotizado por tal propaganda.

Afirme la vida, no la muerte. Vease a sí mismo feliz, radiante, afortunado, sereno y vigoroso.

. SU MENTE NO ENVEJECE

Herbert Hoover, uno de los primeros presidentes, demostraba gran actividad a pesar de sus ochenta y ocho años. Hace algunos años lo entrevisté en su "suite" del Waldorf-Astoria, en la ciudad de New Yo k. Le encontré saludable, feliz, vigoroso, lleno de vitalidad y entusiasmo. Ocupaba al mismo tiempo varias secretarias en su correspondencia y estaba escribiendo libros de naturaleza histórica y política. Como todo gran hombre me pareció afable, sonriente, amable, cariñoso.

Su vivacidad y sagacidad mental me revelaron toda la emoción de su existencia. Era un hombre profundamente religioso y estaba lleno de su fé en Dios y en el triunfo de la verdadera vida eterna. Durante los años difíciles de la gran crisis mundial, fué sometido a fuertes críticas y condenaciones, pero no dejó que lastimaran su reputación ni dejó crecer el odio, resentimiento, mala voluntad o el rencor. Por el contrario, se mantuvo escudado por su paz interior y preservó la divina presencia dentro de él, halló que la paz es el poder del corazón divino.

SU MENTE ERA ACTIVA A LOS NOVENTA Y NUEVE AÑOS

Mi padre aprendió francés a los sesenta y cinco años de edad y se convirtió en una autoridad a los setenta. Hizo un estudio del celta cuando se acercaba a los sesenta y se convirtió en un maestro sobre tal asunto. Asistió a mi hermana en una escuela de alta enseñanza y continúa haciéndolo pasados ya los noventa y nueve años. Su mente está tan nítida a los noventa y nueve años como si tuviese veinte. Su escritura embelleció y su poder de razonamiento ha ganado con la edad.

Verdaderamente, usted es tan viejo como piensa que lo es.

NECESITAMOS A NUESTROS VENERABLES ANCIANOS

Marcus Porcius Cato, el patriota romano, aprendió griego a los ochenta años. Madame Ernestine Schumann-Heink, la gran contraalto americana, alcanzó el pináculo de la fama en su carrera musical, después de convertirse en abuela. Es maravilloso observar el talento de los más viejos: General Douglas MacArthur, Harry S. Truman, General Dwight David Eisenhower, y el financista americano Bernard Baruch son activos, interesantes y contribuyen con su talento y sabiduría por el mundo.

El filósofo griego Sócrates, aprendió a tocar instrumentos musicales cuanto tenía ochenta años. Miguel Angel pintó sus cuadros más famosos a los ochenta. A los ochenta, Simón de Gos, ganó el premio de la poesía, J. Wolfang Goethe terminó Fausto y Leopold von Ranke comenzó su "Historia del Mundo" la cual terminó a los noventa y dos.

---

(1) Algunos ya fallecidos.

Alfred Tennyson escribió un magnífico poema "Cruzando la barrera" a los ochenta y tres. Isaac Newton trabajaba duro a los ochenta y cinco. John Wesley estaba dirigiendo a los ochenta y ocho, predicando y guiando el Metodismo. Tengo varios hombres de noventa y cinco años que asisten a mis conferencias y me dicen que se sienten mejor de salud ahora que cuando tenían veinte.

Hagámosle sitio a nuestros venerables ancianos en los altos lugares y démosles todas las oportunidades para traer flores del paraíso.

Si usted está retirado, interésese en las leyes de la vida y en la maravillosa mente subconsciente. Haga lo que siempre quiso hacer. Estudie nuevos campos e investigue nuevas ideas.

Suplique como sigue: "Como el ciervo brama por las corrientes de las agua, así brama por tí, oh Señor, el alma mía".

. LOS FRUTOS DE LA VEJEZ

"Su carne será más tierna que la del niño, volverá a los días de su juventud".

La vejez significa realmente la contemplación de las verdades de Dios desde el más alto punto de vista. Comprenda que está sobre el final de una jornada, una serie de pasos importantes en el incesante, incansable e interminable océano vital. Entonces, diga: "Aun en la vejez fructificarán, estarán vigorosos y florecientes". "Mas el fruto del espíritu es amor, gozo, paz, paciencia, benignidad, bondad, fe, mansedumbre, templanza; contra tales cosas no hay ley".

Usted es hijo de la Vida Infinita que sabe que no hay final; usted es un hijo de la Eternidad.

. RESUMEN DE LOS PUNTOS MAS SOBRESALIENTES

1. Paciencia, bondad, amor, buena voluntad, felicidad, sabiduría y entendimiento son cualidades que nunca envejecen. Cultívelas y expréselas; permanezca joven mental y corporalmente.

2. Algunos médicos investigadores dicen que el envejecimiento prematuro es causado por el temor neurótico que produce el tiempo.

3. La edad no es el vuelo de los años; es el nacimiento de la sabiduría en la mente del hombre.

4. Los años más productivos de nuestra vida pueden ser después de los sesenta y cinco.

5. Reciba con alegría el pasar de los años. Significa que usted se mueve hacia un punto más alto en la escala de la vida que no tiene final.

6. El principio Divino es la Vida y él es su vida en este momento. La vida se renueva, es eterna e indestructible y es la realización de todos los hombres. Usted vivirá siempre, puesto que su vida es la vida del principio divino.

7. La evidencia de sobrevivir después de la muerte es irresistible.

8. No puede ver su mente, sin embargo sabe que la tiene. No puede ver su espíritu, pero sabe que vive en el espíritu del artista, del músico, del orador. Reconocéis como reales en vuestra mente y corazón el espíritu de bondad, verdad y belleza. No puede ver la vida pero sabe que está vivo.

9. La vejez puede llamarse la contemplación de las verdades divinas desde el más alto punto de vista. La alegría de la vejez es mucho mayor que la de los jóvenes. Su mente está ocupada con el atletismo mental y espiritual. La naturaleza vuelve lento su cuerpo de modo que usted puede meditar mejor en las cosas divinas.

10. No contamos los años de un hombre hasta cuando él no nos lo cuenta. Su fe y convicciones no están sujetas al decaimiento.

11. Usted es tan joven como piensa que lo es. Usted es tan fuerte como crea que lo es. Usted es tan útil como crea que lo es. Usted es tan joven como lo sean sus pensamientos.

12. Sus canas son un capital. Usted no vende sus canas; vende su

talento, habilidad y sabiduría acumulada a través de los años de árduo trabajo.

13. Dietas y ejercicios no lo mantendrán joven. Como un hombre piensa que es, así será.

14. El temor a la vejez tras deterioro mental y físico. La cosa que temo caerá sobre mí.

15. Usted envejece cuando cesa de soñar y cuando ha perdido el interés en la vida. Ha envejecido si se ha vuelto irritable, excéntrico, petulante, y buscapleitos. Llene su mente con las verdades divinas e irradie la brillantez de su amor. Así es la juventud.

16. Mire hacia adelante, pues en todo momento usted está contemplando la vida infinita.

17. Su retiro es una nueva aventura. Tome nuevos estudios, busque un nuevo interés. Puede hacer las cosas, que siempre quiso hacer mientras se hallaba ocupado para poder vivir. Póngale atención a vivir la vida.

18. Conviértase en productor y no en prisionero de la sociedad, No esconda su talento bajo un barril.

19. El secreto de la juventud es el amor, alegría, paz interior y sonrisa: "En él está la alegría, en él no hay oscuridad".

20. La sociedad lo necesita. Algunos grandes filósofos, artistas, investigadores, escritores y otros han completado su trabajo siendo mayores de ochenta años.

21. Los frutos de la vejez son amor, alegría, paz, paciencia, benignidad, bondad, fé, mansedumbre y temperancia.

22. Usted es hijo de la vida infinita que no tiene fin. Usted es hijo de la Eternidad. Usted es maravilloso!

CPSIA information can be obtained
at www.ICGtesting.com
Printed in the USA
BVHW071613150921
616796BV00002B/51

9 781946 963376